城市地下管线安全管理丛书

城市道路养护检测与管理

Urban road maintenance detection and management

常成利　巩　建等　编著
中国测绘学会地下管线专业委员会　组织编写

中国建筑工业出版社

图书在版编目（CIP）数据

城市道路养护检测与管理 = Urban road maintenance detection and management / 常成利等编著；中国测绘学会地下管线专业委员会组织编写. — 北京：中国建筑工业出版社，2023.10
（城市地下管线安全管理丛书）
ISBN 978-7-112-29276-9

Ⅰ. ①城… Ⅱ. ①常… ②中… Ⅲ. ①城市道路-公路养护 Ⅳ. ①U418

中国国家版本馆 CIP 数据核字（2023）第 193636 号

本书介绍了城市道路投入使用后开展道路维修养护的技术方法和技术状况评定的相关流程，重点介绍了路面技术状况评定检测、道路结构检测以及道路设施管理三方面内容，融入了笔者多年的实践工作经验。本书还引入了实际工程案例，内容丰富，贴近实际工作，对从事城市道路养护与管理的技术人员具有一定的参考价值。

全书共分十三章，第一、二章为基础介绍，涵盖了维修养护对象划分、功能定位和数据处理等基础知识；第三章介绍了道路的日常管理；第四、五章主要介绍了路面及相关设施的养护和检测技术；第六章介绍了路基检测相关技术；第七章介绍了城市道路安全设施的检测评定；第八章介绍了城市道路养护施工的安全管理；第九～十一章介绍了城市道路技术状况评定、道路路面养护科学决策及道路养护管理信息化技术；第十二章介绍了城市道路养护方案制定方法和养护设计知识；第十三章用工程案例详细介绍了各类技术的综合运用。

本书适合城市道路养护领域的相关从业者和科学研究人员阅读和使用。

责任编辑：高　悦　范业庶
责任校对：王　烨

城市地下管线安全管理丛书
城市道路养护检测与管理
Urban road maintenance detection and management
常成利　巩　建　等　编著
中国测绘学会地下管线专业委员会　组织编写
*
中国建筑工业出版社出版、发行（北京海淀三里河路9号）
各地新华书店、建筑书店经销
北京鸿文瀚海文化传媒有限公司制版
建工社（河北）印刷有限公司印刷
*
开本：787毫米×1092毫米　1/16　印张：8¾　字数：215千字
2024年1月第一版　2024年1月第一次印刷
定价：**30.00**元
ISBN 978-7-112-29276-9
（41987）

版权所有　翻印必究
如有内容及印装质量问题，请联系本社读者服务中心退换
电话：（010）58337283　QQ：2885381756
（地址：北京海淀三里河路9号中国建筑工业出版社604室　邮政编码：100037）

编委会

主　　编：常成利　巩　建
参编人员：王　浩　孙建波　吕进刚　崔海涛　范亚宁　王大为
　　　　　胡群芳　王　超　索　蓉　刘晓阳　丁香梅　蔡文波
　　　　　刘福海　刘　磊　刘国飞　余朝阳　李竹静　曹一翔
　　　　　郭　巍　常　江

组织单位：中国测绘学会地下管线专业委员会
参编单位：交通运输部公路科学研究院（北京中交华安科技有限公司）
　　　　　北京市政路桥锐诚科技有限公司
　　　　　路网新通（北京）交通科技有限公司
　　　　　大连中睿科技发展有限公司
　　　　　北京工业大学
　　　　　哈尔滨工业大学
　　　　　同济大学
　　　　　北京市城市道路养护管理中心
　　　　　兰州市市政工程服务中心
　　　　　包头市市政工程管理局
　　　　　南昌市市政工程管理处
　　　　　北京奥科瑞检测技术开发有限公司
　　　　　铁正检测科技有限公司
　　　　　广东承信公路工程检验有限公司
　　　　　北京市政路桥管理养护集团有限公司
　　　　　广东省建设工程质量安全检测总站有限公司
　　　　　黑龙江省城乡建设研究所

前　言

一、写书的初衷

城市道路通达城市的各地区，供城市内交通运输及行人使用，便于居民生活、工作及文化娱乐活动，并与市外道路连接承担着对外交通的重任。如今随着城市道路进入了建养并重的阶段，这对道路检测和管理相关技术应用产生深层需求。

作为道路养护领域的一本书，本书摒弃了全盘理论介绍，与实际工作经验、经历相结合。考虑到作为工科领域一门重应用的学科，书中某些章节会和相关领域的从业者产生共鸣。本书针对道路养护"检测"和"管理"两方面进行探究，通过细化问题导向对道路养护检测各方面具体探讨。

二、本书脉络与特色

★原理透彻，注重应用

★传承经典，突出前沿

★图文并茂，方便理解

从篇幅的分布上看，本书在绪论章节对城市交通做出简单概述，提出基于目前最新规范对应的城市道路分类情况以及路基路面的结构形式等，之后 1.4 抛出我国城市道路养护与管理的现状、存在问题。做好道路的养护工作，从管理抓起是重中之重，良好的道路管理能极大延长道路的寿命，进而保护行人、行车的安全，减少我国的道路维养支出。本书在第三章、第四章、第八章以及第十一章都有对道路养护管理涉及的检测技术手段进行叙述和强调。

城市道路传统检测随着科技的进步也成为一种技术问题，它涉及目前道路采用的新材料、新技术的检测应用，因而对道路的检测同样需要在方法、技术上有所革新，本书在第二章介绍了试验检测的基础，从检测抽样到数据整理再到对数据的分析，比较全面地介绍了目前对道路进行检测的主流方法等，之后对道路的各个组成部分如路基、路面的检测等，完善而具体地介绍了各类细化方向的检测技术，如对路基的检测需要检测其含水率、压实度、地表沉降、地基承载力和路基内部缺陷检测等，道路的检测直接关系到道路需不需要养护、道路需要怎样养护等面向实际的问题，故检测问题应当得到应有的重视。

对城市道路养护管理的检查方面的内容主要集中在本书的第三章，大体分为日常巡查、定期检测以及特殊检测，对各项的描写具体到检测巡查在实际执行中最新的执行规范，比如检查方式和检查内容以及不同道路以及设施的检测标准等，另外也给出应对可能发生的特殊情况的具体方法，如因为天气或者人为因素对道路产生不良影响情况下的检查应对措施等，本章节最后结合现有规范和资料给出常用的检查记录的样表，以及不同检查记录方式应当遵守的规则等，在这些方面有疑问的读者应该能有所收获。

城市道路养护对不同的路面也有不同的处理方法，在第四章路面分为沥青路面、水泥混凝土路面、人行道类路面以及道路附属设施路面等，本章节给出了不同路面的验收标准，且对不同路面的养护指导详细到不同路面特有设施养护层面。

道路各项指标的检测也同样重要，本书在第五章强调介绍了目前对路面的各项指标的检测技术，包括如平整度检测、抗滑性能检测以及车辙检测等，章节所提到的技术一般为目前常用的，一些前沿论文中提到的但还未普及的方法则没有在本书中体现。除了路面的检测，对路基、安全设施的检测内容也在随后的章节得到体现。

本书在详细介绍如何展开相关工作的同时，也给出了相关的养护对策，包括保养小修、预防性养护到大修工程等。在良好的管理框架下，对道路的养护工作才能准确地落到实处。应《中华人民共和国国民经济和社会发展第十四个五年规划和2035年远景目标纲要》的要求为完善城市信息模型平台和运行管理服务在道路养护管理方面做出展望与革新，比如第十一章所讲的关于信息化养护管理工作，并对本书提到的城市道路健康监测与养护管理平台做出简单的介绍。

要做好道路管养工作，本书认为主要从系统化、专业化、科技化方面入手，即建立科学养护体系、编制执行合理化的养护规划，实现系统化养护；通过市场化行为选择专业的养护维修队伍，实行专业化养护；引进和运用好先进的养护观念、养护材料、技术和设备，实现科技化养护。本书所提出的道路养护技术、管理的问题与对策提升方案及具体建议，对指导我国相关城市道路养护的检测和管理工作有一定的参考价值。

编者

2023年4月

目 录

第一章 绪论 ·· 1
  1.1 城市道路交通 ·· 1
  1.2 城市道路分类 ·· 3
  1.3 路基路面结构形式 ·· 5
  1.4 城市道路养护与管理 ·· 9

第二章 试验检测基础 ··· 12
  2.1 试验检测目的与任务 ·· 12
  2.2 检测抽样与数据整理方法 ·· 12
  2.3 试验检测数据预处理 ·· 16
  2.4 数据的统计计算与分析 ·· 17

第三章 城市道路养护管理检查 ··· 21
  3.1 日常巡查 ·· 22
  3.2 定期检测 ·· 25
  3.3 特殊检测 ·· 27
  3.4 检查记录 ·· 27

第四章 城市道路养护工程检查与验收 ··· 29
  4.1 沥青路面养护工程 ·· 29
  4.2 水泥混凝土路面养护工程 ·· 32
  4.3 人行道养护工程 ·· 34
  4.4 道路附属设施养护工程 ·· 36

第五章 路面检测技术 ··· 39
  5.1 平整度检测 ·· 39
  5.2 车辙检测 ·· 41
  5.3 路面破损检测 ·· 42
  5.4 抗滑性能检测 ·· 43
  5.5 沥青路面渗水检测 ·· 45
  5.6 几何数据检测 ·· 46

第六章 路基检测技术 … 48
- 6.1 含水率检测 … 48
- 6.2 压实度检测 … 51
- 6.3 地表沉降检测 … 53
- 6.4 承载力检测 … 55
- 6.5 结构强度检测 … 56
- 6.6 路面厚度检测 … 58
- 6.7 脱空检测 … 60
- 6.8 内部缺陷检测 … 62

第七章 安全设施检测技术 … 64
- 7.1 立柱垂直度检测 … 64
- 7.2 标志标线光度性能检测 … 65
- 7.3 涂层厚度检测 … 68
- 7.4 标志合规性检测 … 69

第八章 检测安全管理 … 71
- 8.1 城市道路检测的状况分析 … 71
- 8.2 检测作业安全控制区布置 … 76

第九章 道路技术状况评定 … 78
- 9.1 病害分类与成因分析 … 78
- 9.2 技术状况评定 … 80
- 9.3 养护对策 … 87
- 9.4 养护状况评定 … 89

第十章 道路路面养护科学决策 … 94
- 10.1 路面使用性能预测 … 94
- 10.2 养护需求分析 … 96
- 10.3 养护资金优化分配 … 99
- 10.4 投资效益分析 … 100
- 10.5 中长期养护规划 … 101

第十一章 道路养护管理信息化 … 103
- 11.1 养护管理信息系统组成 … 103
- 11.2 系统功能 … 105
- 11.3 系统安全 … 105
- 11.4 智慧城市展望 … 106

第十二章　城市道路养护设计 ·· 108
12.1　养护专项调查 ·· 108
12.2　养护方案设计 ·· 109

第十三章　工程实例 ··· 115
13.1　北京市政道路养护检测应用案例 ·· 115
13.2　兰州市政道路养护检测应用案例 ·· 125

第一章　绪论

随着城市建设的迅猛发展，城市道路出现功能复杂、交通量激增、车道受载增大、道路结构层中布设的繁杂市政管线多等特点，导致城市道路病害增多，主要表现为道路塌陷增多、表面裂缝较多、井框差过大、路口车辙深、结构强度水平不高等。城市道路作为市政基础设施的重要组成部分，其养护质量和管理水平直接影响到城市功能的正常发挥和城市居民的正常生活。党的十九大提出构建以"城市群为主体"的城镇协调发展格局和建设"交通强国"的战略目标，党的二十大提出加快建设交通强国的要求，《中华人民共和国国民经济和社会发展第十四个五年规划和2035年远景目标纲要》更加明确了城市群和都市圈在发展全局中的地位："坚持走中国特色新型城镇化道路，深入推进以人为核心的新型城镇化战略，以城市群、都市圈为依托促进大中小城市和小城镇协调联动、特色化发展，使更多人民群众享有更高品质的城市生活。"这些政治导向都为新时代我国建设安全、绿色、高效的城市道路设施服务体系带来新的历史机遇。本章内容涵盖了我国城市道路的发展、分类、结构形式以及城市道路交通的维护和管理等内容。

1.1　城市道路交通

城市是伴随着手工业和商业的发展而逐渐产生的，经济的发展促进了城市化，国家城市化水平标志着国民经济发达的程度，国家城市化的过程是国民经济发展过程的重要体现。中国城市在数千年的历史长河中延绵不断，生生不息。其城市形态多种多样，城市生活丰富多彩，创造过辉煌，也经历过衰落和重建。中国城市在绵延曲折的发展历程中，积累了大量的经验，凝聚了丰富的智慧。

针对城市的建设，《周礼·考工记》中有文字记载"匠人营国，方九里，旁三门，国中九经九纬，经涂九轨，左祖右社，前朝后市，市朝一夫"。可见中国古人对建城、建房、建宅已经有一定的规制，我们现在看到很多中国保存较为完好的古典城市都是按照这样的格局建设的，比如北京故宫，左祖就是太庙，右社则是社稷坛（图1.1）。前朝后市，朝是政府机关，当时天安门广场不是现在这样，是很窄的一条，国家机关排布两侧；市是市场，也就是后面才是市场的位置。一直到明清，我们的建国方略还是按照这样的规矩来的。北京市的城市道路规划是一个庞大的系统工程，其总体设计目标是为了方便城市内交通的流畅和城市化进程的发展。北京的既有环路位于市中心和市郊，连接了各大城市节点和主要出入口；在环路系统的基础上建有一系列的主干道，包括长安街、二环路、三环路等连接市中心和各个重要的区域。北京市的道路规划采用了网格化布局，通过将城市划分为方格，建设相对完整的道路网，方便车辆和行人的出行。北京市的城市道路考虑了交通流量、城市化进程、环境质量等多方面的因素，同时别具历史风韵。

图 1.1 北京故宫鸟瞰图

城市有四大功能：居住、工作、旅游和交通。城市道路交通是城市交通的主体，城市道路是城市道路交通最主要的交通设施。中国古代营建都城，对道路布置极为重视。当时都城有纵向、横向和环形道路以及郊区道路，并各有不同的宽度。中国唐代都城长安，明、清两代都城北京的道路系统皆为棋盘式，纵横井井有条，主干道宽广，中间以支路连接便利居民交通。古罗马城贯穿全城的南北大道宽 15m 左右，大部分街道为东西向，路面分成三部分，两侧行人中间行车马，路侧有排水边沟。公元 1 世纪末的罗马城，城内干道宽 25～30m，有些宽达 35m，人行道与车行道用列柱分隔，路面用平整的大石板铺砌，城市中心设有广场。

随着历史的演进，世界各大城市的道路都有不同程度的发展，自发明汽车以后，为保证汽车快速安全行驶，城市道路建设起了新的变化。除了道路布置有了多种形式外，路面也由土路改变为石板、块石、碎石以至沥青和水泥混凝土路面，以承担繁重的车辆交通。

中华人民共和国成立以后，中国城市道路建设取得了重大成就。全国许多大城市改建、兴建了大量道路，铺筑了多种类型的沥青路面和水泥混凝土路面，新兴的中小工业城镇也新建了大批整洁的干道。如北京市拓宽了旧街道，修建了快速环路及通达卫星城镇的放射性道路，并修建了一些互通式立体交叉及机动车、非机动车分行的三幅车行道的道路，既改善了市内交通状况又便利了对外联系。又如，自新中国成立以来，上海也新建改建了大批道路，并建成横跨黄浦江的多座大桥和隧道，两岸交通得到进一步的改善。

城市发展过程中，道路的变迁经常跟不上城市发展的脚步，所以道路经常面临改道扩建的问题。城市道路的建设要能够便民利民，能够舒缓交通。道路与广场相连，共同促进市民型城市的建设。巴黎的后期规划，就是将多条城市道路干线互相连接，通过凯旋门等标志的连接形成道路骨架。

改革开放以后，中国城市人口增长迅速，百万以上人口城市的数量在1981年仅18座，到1993年达到了32座，2019年增长到93座。1990年全国机动车保有量为554万辆，到2020年，全国民用汽车保有量超过2.8亿辆，有30座城市机动车保有量超过200万辆（图1.2）。随着汽车保有量的增加，对道路的需求也越来越大，越来越多的车辆需要更多的道路和停车场以缓解交通拥堵和停车难的问题；汽车的高速行驶也需要更好的道路基础设施。加强道路建设和改善道路质量，推进交通运输基础设施建设，提高道路通行能力和安全水平等一系列举措解决当前交通现状，但城市人口的激增给城市交通带来前所未有的挑战。根据中国国家统计局的数据，2021年上半年中国汽车销售量已经达到1305.2万辆，中国汽车制造业也已经成为全球最大的汽车生产国之一，可想而知道路交通在城市稳定发展中的作用越来越重要。

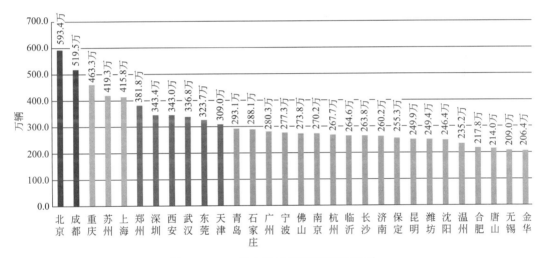

图1.2　2020年中国城市汽车保有量统计

1.2　城市道路分类

城市道路是通达城市各地区，供城市内交通运输及行人使用，便于居民生活、工作及文化娱乐活动，并与市外道路连接负担着对外交通的道路。城市道路的主要功能是承担交通，城市里各种客车、货车、非机动车、行人都需要通过在道路上行进，完成客货运送任务。同时，城市道路与公路相比又有其复杂性的一面，城市道路下面铺设了供水、排水、电力、通信、燃气等各种管线。

根据《城市道路工程设计规范》CJJ 37—2012，城市道路按道路在道路网中的地位、交通功能以及对沿线的服务功能等分为快速路、主干路、次干路和支路四个等级。

快速路应中央分隔、全部控制出入、控制出入口间距及形式，应实现交通连续通行，单向设置不应少于两条车道，并应设有配套的交通安全与管理设施。快速路两侧不应设置吸引大量车流、人流的公共建筑物的出入口。两侧建筑物的车流和人流的出入应尽量通向与其平行的道路上。

主干路应连接城市各主要分区，应以交通功能为主。主干路上机动车与非机动车应分隔行驶，交叉口之间的分隔要尽量连续，以防车辆任意穿越，影响主干路上车流的行驶。主干路两侧不宜设置吸引大量车流、人流的公共建筑物的出入口。

次干路应与主干路结合组成干路网，应以集散交通的功能为主，兼有服务功能。两侧可设置吸引大量车流、人流的公共建筑，设置机动车和非机动车的停车场，满足公共交通站点和出租车服务站点的设置要求。

支路宜与次干路和居住区、工业区、交通设施等内部道路相连接，应解决局部地区交通，以服务功能为主。支路不能与快速路直接相接，只可与平行快速路的道路相接。

道路的横断面可分为单幅路、两幅路、三幅路、四幅路及特殊形式的断面。

其中单幅路特点主要表现在车辆混行方面，有时会通过划分快车与慢车的分车线进行交通组织；双幅路主要在单幅路的基础上将对象形式的交通参与者进行分离，其交通组织一般也会视情况划分快、慢车道；三幅路将机动车和非机动车的行车空间通过分隔带或隔离墩进行分离，因此在安全性上具有较好提升；四幅路则在三幅路的基础上进一步将上下行的机动车进行分离，无论在安全性上还是行车舒适性上都更优于三幅路，在非机动车多、机动车量较大且车速要求高的主干路上更加常见，但具有造价昂贵、占地范围大的缺点。俗称的"一块板""两块板""三块板""四块板"断面示意如图 1.3 所示。

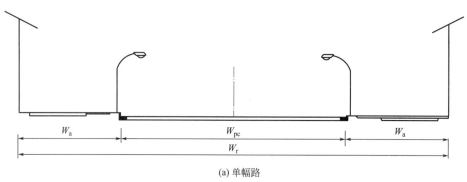

(a) 单幅路

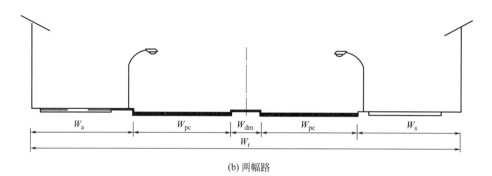

(b) 两幅路

图 1.3　标准横断面图（一）

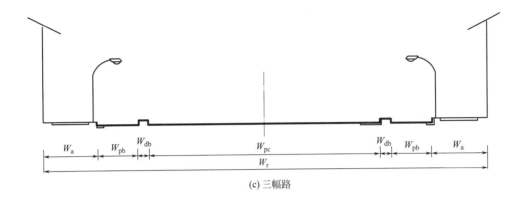

(c) 三幅路

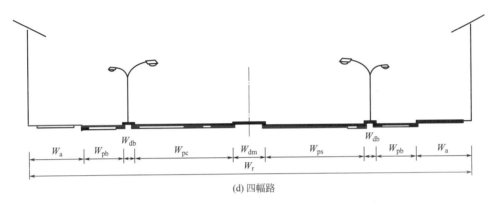

(d) 四幅路

图 1.3 标准横断面图（二）

当快速路两侧设置辅路时，应采用四幅路；当两侧不设置辅路时，应采用两幅路。主干路宜采用四幅路或三幅路，次干路宜采用单幅路或两幅路，支路宜采用单幅路。对设置公交专用车道的道路，横断面布置应结合公交专用车道位置和类型全断面综合考虑，并应优先布置公交专用车道。

此外，还可以通过多种方式来对道路进行分类，根据道路对交通运输所起的作用分类：全市性道路、区域性道路、环路、放射路、过境道路等。根据承担的主要运输性质分类：客运道路、货运道路及客货运道路等。根据道路所处环境分类：中心区道路、仓库区道路、文教区道路、行政区道路、住宅区道路、风景游览区道路等。从道路本身服务特征及街面建筑布置情况分类：商业性道路、文化娱乐性道路、科教卫生性道路、生活性道路、火车站道路、游览性道路、林荫路等。

1.3 路基路面结构形式

路基和路面是道路的主要工程结构物。路基是在天然地表面按照路线位置和一定技术要求修筑的带状构造物，是路面的基础，承受由路面传来的行车荷载。因此，路基必须具有足够的强度、稳定性和耐久性。路面则是在路基顶面用各种混合料铺筑而成的层状结构物，供行车使用。为了保证行车安全、快捷，路面必须具有一定的耐磨性、抗滑性、平整性。由此可见，一方面，路基是路面的基础，坚固而又稳定的路基为路面结构能长期承受汽车荷载提供了重要的保证；另一方面，路面结构层的存在又保护了路基，使之避免了直接经受车辆和大气的破坏作用，长期处于稳定状态。路基和路面相辅相成，是不可分割的整体。

1.3.1 路基类型

路基按照填挖情况的不同，断面形式可分为路堤、路堑和填挖结合三种类型。路堤是全部在天然地面上用岩土填筑而成；路堑则是全部在天然地面开挖而成；天然地面横坡较大，需要一侧填筑另一侧开挖而成的断面形式为填挖结合路基，也称为半填半挖路基。路堤是指全部用岩土填筑而成的路基，即高于原地面的填方路基，在结构上分为上路堤和下路堤，上路堤是指路面底面以下 0.80～1.50m 范围内的填方部分，下路堤是指上路堤以下的填方部分，如图 1.4 所示。路堑是指全部在天然地面开挖而成的路基，即低于原地面的挖方路基，如图 1.5 所示。填挖结合路基是较为常见的路基形式，一般在天然地面横坡较大，路基较宽情况下，需要一侧开挖，另一侧填筑，如图 1.6 所示。

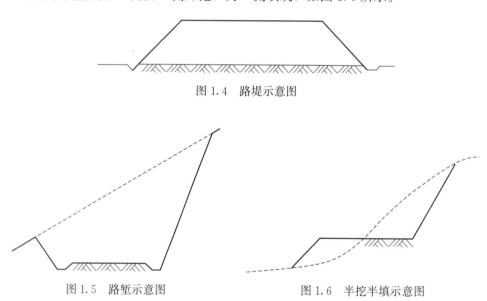

图 1.4　路堤示意图

图 1.5　路堑示意图　　　　　图 1.6　半挖半填示意图

按照干湿型分类路基可划分为干燥、中湿、潮湿，路基的干湿类型表示路基在最不利季节的干湿状态，在实际工程中，一般以路槽底面以下 80cm 内的平均稠度与分界稠度作比较，来确定路基干湿类型。路基的强度与稳定性，同路基的干湿状态有密切关系，并在很大程度上影响路面结构设计。为了保证路基路面结构的稳定性，一般要求路基处于干燥或中湿状态。潮湿状态的路基必须经处理方可铺筑路面。不同类型的路基在施工和养护方面都需要有所不同地考虑和处理，在施工过程中需要根据路基的干湿程度来调整施工工艺和材料的选择，而在养护过程中需要注意路基的排水情况和防止水分过多导致路基松软等问题的发生。

按特殊路基分类，特殊路基是指位于特殊土（岩）地段、不良地质地段，或受水、气候等自然因素影响强烈的路基。特殊路基主要有：

（1）湿黏土路基、软土地区路基、红黏土地区路基、膨胀土地区路基、黄土地区路基、盐渍土地区路基、风积沙及沙漠地区路基；

(2) 季节性冻土地区路基、多年冻土地区路基、涎流冰地区、雪害地区路；

(3) 滑坡路基、崩塌与岩堆地段路基、泥石流地区路基；

(4) 岩溶地区路基、采空区路基；

(5) 沿河、沿溪地区路基、水库地区路基、滨海地区路基。我国浴海、浴湖、浴河地带都有广泛的软土分布，对路基稳定性影响巨大，软土路基以淤泥、淤泥质土为主。

1.3.2 路面类型

按照路面面层的使用品质、材料组成类型以及结构强度和稳定性，可以将路面分为高级、次高级、中级和低级四个等级。高级路面强度高、刚度大、稳定性好且使用寿命长，能够适应较繁重的交通量，适用于高速、一级和二级公路；次高级路面相比高级路面强度和刚度较差，使用寿命短，初期投资相对较低，适用于二级或三级公路；中级和低级路面常用于低等级公路。如果按照面层使用的材料分，路面可以划分为柔性路面、刚性路面和半刚性路面。柔性路面的总体刚度较小，在车辆荷载作用下产生较大的弯沉变形，主要包括粒料基层和各类沥青面层、碎石面层或者块石面层；刚性路面主要指水泥混凝土做面层或基层的路面；半刚性路面指用水泥、石灰等无机结合料处治的土或碎石及含有水硬性结合料的工业废渣修筑的基层，这种基层和铺筑在它上面的沥青面层统称为半刚性路面。

行车荷载和自然因素对路面的影响随着深度的增加而逐渐减弱。因此，对路面材料的强度、抗变形能力和稳定性的要求也随深度的增加而逐渐降低。为了适应这一特点，路面结构通常是分层铺筑的，一般划分为三个层次，即面层、基层和垫层，如图 1.7 所示。

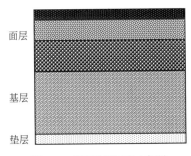

图 1.7 路面结构层示意图

面层的修筑材料主要有水泥混凝土、沥青混凝土、沥青碎石混合料、砂砾或碎石土或不掺土的混合料以及块料等。基层的修筑材料主要有各种结合料稳定土或稳定碎石、贫水泥混凝土、天然砂砾、各种碎石或砾石、片石、块石等、工业废渣和土、砂、石所组成的混合料。垫层介于土基和基层之间，其功能之一是改善土基的湿度和温度状况，以保证面层和基层的强度、刚度和稳定性不受土基水温状况变化而产生不良影响；另一方面功能是将基层传下的车辆荷载应力加以扩散，以减小土基产生的应力和变形。垫层常用的材料分为两类，一类是松散粒料，另一类是水泥或石灰稳定土。

1.3.3 路基工作区

路面是行车荷载的直接承受体，而路基则是路面的支撑者。随着深度的增加，车辆轮重的影响在逐渐缩小。在路基某一深度 Z_a 处，当车轮荷载引起的垂直应力与路基自重引起的垂直应力相比所占比例很小，仅为 $1/10 \sim 1/5$ 时，该深度范围内的路基称为路基工作区。通常，在工作区范围内的路基对于支撑路面结构和车轮荷载的影响较大，而在工作区外的路基，影响逐渐减小（图 1.8）。

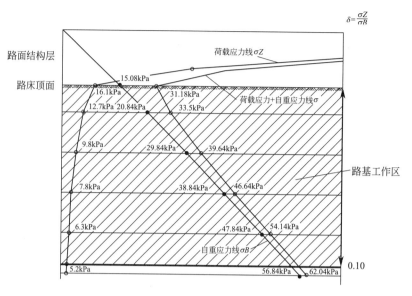

图1.8 路基工作区示意图

路基工作区深度 Z_a 计算公式如公式（1-1）所示：

$$Z_a = 3\sqrt{\frac{KnP}{\gamma}} \tag{1-1}$$

式中：Z_a——路基工作区深度（m）；
　　　P——一侧轮重荷载（kN）；
　　　K——系数，取 $K=0.5$；
　　　γ——土重度（kN/m³）；
　　　n——系数，$n=5\sim10$。

由上面公式可知，路基工作区是随着车轮荷载的加大而加深的，表1.1是根据不同车辆型号计算得到的路基工作深度。

路基工作区深度　　　　　　　表1.1

汽车型号	工作区深度 Z_a(m)	
	$1/n=1/5$	$1/n=1/10$
解放 CA10B	1.6	2.0
北京 BJ130	1.2	1.6
黄河 JN150	1.9	2.4

注：按土的重度 $\gamma=18$kN/m³ 计算。

因此，路基工作区深度内土基的强度和稳定性对保证路面结构的强度和稳定性极为重要，工作区内土的选择也是非常重要的。从表1.1的计算结果看，车辆荷载对道路结构有重要影响的区域大部分在2m以内，根据科研人员的调查和研究结果，这一范围内的路基一旦出现问题，随着时间的推移，路面一般都会出现或重或轻的病害。因此，对于浅层缺陷的探测应该以工作区深度作为对象。

基于上述对路基工作区的计算和认识，道路工程领域可以将道路浅层理解为：从路面起至路基工作区底面的垂直区域，车辆荷载主要由该区域的路基路面结构层承担，并且该区域缺陷的存在会对路面稳定形成重要影响。

1.4 城市道路养护与管理

道路养护即对原有技术标准过低的路线和构筑物及沿线设施进行分期改善和添建，逐步提高道路的使用性能和服务水平，不断满足全社会对道路的要求。

道路的工作条件非常恶劣，不但要反复承受荷载，而且还要受到严酷的气候作用。养护维修又是复杂辛苦而简单乏味的工作，很容易被忽视。但随着社会的发展，对道路提供的服务要求却越来越高。为了使道路保持良好状态及满足经济运营的需要，需对道路进行经常的养护维修，防止道路的衰变和损耗就成为一项重要的工作。

1.4.1 道路养护类型

路面养护：道路养护随着等级的提高、交通量大量增加和材料价格的增长，养护费用大量用于路面养护工作上，因此路面养护占重要地位。养护工作内容随路面的种类不同而异：对于低级的砂砾、碎石路面，主要是平整度和路拱的维持、磨耗层的刮扫和材料的补充；对于低级沥青路面如沥青表面处治等，主要是补坑、封面、松散材料的重拌或重铺等；对于高级路面如沥青混凝土路面，则有坑洞裂缝的挖补、表面的封层及防滑措施等；水泥混凝土路面，主要是接缝的填封、板底掏空的填实和局部板体的更换等。路面养护工作的特点是量小而分散，因此所需材料的加工和处理要取用方便，施工工具要小巧灵活，最好一机多用，噪声要低，施工方法要快速安全不影响或少影响交通，施工标志要昼夜鲜明，防护要周到，以免发生交通事故。

路肩养护：路肩养护工作随其表面的性质而异，如草皮路肩，需按时修剪，不使积水，必要时进行施肥、补植、浇水等养草工作；硬质路肩是和相同的路面养护一样办理；至于土路肩和砂砾质路肩，要在天气良好时用工具或平路机及时整修并具有一定的横向排水坡度，如产生车辙和沉陷应随时平整以防发生交通事故。

路边养护：两旁路边的养护如有草皮则和路肩一样维护，干草随时清除以防火灾；妨碍视距的树丛应加修剪；边坡防冲可用植草或表层处理等方法；岩石松动之处，必要时可用水泥混凝土铺补或设立金属网以防坠落到路面上；路旁行道树、绿化的修整、喷药、补栽等均有专用的机械以增加工效。

人行道养护：城市道路的人行道，应经常维修，保持平整、无坑洞、不积水和防滑。

排水：包括维持边沟、涵管、进水口和集水池的清洁畅通，消除沉积物和树枝，修理被冲毁的构筑物，用铺砌、植草、块石护坡和护岸等以抵抗水流的冲刷破坏。

进行路肩和路边养护，注意防水和排水，都是为了防止路基病害，保持路基稳定，也就是路基养护工作。

冰雪控制：在寒冷地带，除雪是冬季的主要养护工作，通信联络对于除雪工作十分重要。防雪的措施，如在适当位置装设防雪墙，防雪走廊，树木特别是针叶树或其他植物也对积雪有削弱的作用；在郊区公路上常用的除雪机具有平路机、翼形雪犁和转犁等，在市区道路上一般是铲在卡车上运走。在雨雪后易形成冰面或暗冰，可使路面摩阻系数降低，对行车十分危险，尤其是在急弯陡坡地段，常用清洁的粒砂、石屑或煤渣等物铺洒防滑，有时用盐水或粒盐降低冰点，防止结冻，也是行之有效的措施，但大量长期使用，往往对水泥混凝土路面起侵蚀破坏的作用。

交通服务设施养护：包括标志和标线的清洁维护更新，照明和信号灯的维护，意外交通事故的抢救等。

桥梁养护：包括定期检查、油漆、桥面维修、上下部结构的加固及修理，河道控制等。

大修工程：主要是线路及工程设施的改建和路面大修。

路线及工程设施的改建：对原有技术标准的路线、构筑物及设施进行改建或扩建，提高道路的使用性能。

路面大修：指一般养护手段不能解决的工程。主要目的是：①改善路面平整；②延长路面寿命；③改进路面光滑度；④基层不良路段的翻修加固；⑤改善排水等。其技术内容有：翻修、罩面和再生沥青路面等；再生沥青路面又分为就地复拌和集中厂拌两类。

由于路面养护日趋重要，近年来，创立了路面管理系统，用系统工程的方法收集路况情报，确定路面损坏的原因，选择养护和大修的最有效方案，以达到少花钱养好路的目的。

1.4.2 城市道路管理

就现在我国的城市道路管理来说，虽然在日常的管理上取得了很大的进步，但是仍然有不足之处。在传统习惯中一直是在桥梁与道路被发现有破损之后才真正地意识到去修补，而没有真正地领会道路与桥梁养护与管理的意义。真正的意义在于，从施工开始时就应该定期地为道路与桥梁进行检查，并且对道路与桥梁进行养护，还要做管理记录，以便以后进行参考。在道路与桥梁的建设中，很少有从开始的施工阶段就专注于养护管理，然而往往忽略的却在实际当中占有很重要的地位。在施工阶段的养护管理往往会让道路桥梁处于一个良好的状态。在施工中也许会遇到这样那样的问题，通过这样的管理可以避免问题的发生，减少损失。

随着我国人均汽车保有量的不断上涨，城市的交通受到了前所未有的压力。交通量增大同样也给城市的道路与桥梁带来巨大的压力。这样的压力会导致加快城市桥梁与道路老化的速度。而车辆每年都有不同程度的上涨。所以城市的道路与桥梁面临着严峻的考验。养护管理就成为保护措施中必不可少的。

在城市的道路上每天都有不同的车辆行驶，当达到负载能力的极限时，道路就会出现不同程度的损伤，会给行驶在道路上的人们带来安全的威胁，定期进行道路养护既可以防止事故的发生，还能减少交通的压力。

我国的综合国力日益壮大，加强城市建设刻不容缓，扩大对市政的道桥建设更是当前最值得关注的问题，对市政道桥建设的认真实行和高效维护成为现在城市建设中的重要项目。我们应该高度执行有关政策的要求，保证把城市中的交通问题解决到最好。

国务院曾于 1996 年 6 月 4 日发布《城市道路管理条例》，共 6 章 45 条，自 1996 年 10 月 1 日起施行。分别于 2011 年、2017 年、2019 年进行了三次修订，旨在规范城市道路的建设、管理和使用，保障行人、车辆和其他交通参与者的安全和畅通。

第二章 试验检测基础

准确及科学的道路养护方案,是实现养护目标及养护工程投资效益最大化的前提。方案设计的准确性在很大程度上依靠前期路况数据调查的全面性及准确性。现阶段,我国已基本普及了路面表面功能性能的快速自动化检测,检测指标包括路面破损、路面平整度、路面车辙及路面抗滑等。对于深层结构破坏层位、破坏程度及结构层完整性等指标,仍停留在点状的有损检测或慢速的无损检测层面,无法做到快速及全断面覆盖,对于城市道路路面结构内部管线铺设位置及破损情况,测量难度更高。基于目前检测技术与检测的现状问题,本章内容将主要围绕检测程序的步骤方法与数据处理展开,具体项目的检测技术方法后续将会逐渐展开。

2.1 试验检测目的与任务

道路工程试验检测工作是设计参数确定、施工质量控制、工程质量验收评定、养护管理决策的重要环节,涉及道路工程原材料、混合料和结构性能等方面的室内与现场试验检测项目的实际操作,试验检测数据处理、分析和评价,试验检测依据为现行部颁有关标准、规程和规范,表 2.1 列出了部分规范。

各类道路技术规范标准　　　　　表 2.1

类别	规范名称
综合类	《城镇道路养护技术规范》CJJ 36—2016
	《城镇道路工程施工与质量验收规范》CJJ 1—2008
	《城市市政综合监管信息系统技术规范》CJJ/T 106—2010
道路类	《多功能路况快速检测设备》GB/T 26764—2011
	《公路断面探伤及结构层厚度探地雷达》JJG 124—2015
	《城市地下病害体综合探测与风险评估技术标准》JGJ/T 437—2018
管线类	《城镇供水管网漏水探测技术规程》CJJ 159—2011
	《城镇排水管道检测与评估技术规程》CJJ 181—2012

2.2 检测抽样与数据整理方法

2.2.1 路基路面现场测试选点方法

路基路面工程体量庞大,现场测试项目只能采取抽样方法确定测试的位置。正确规范地选择测试位置是保证公路路基路面现场测试结果可靠性和代表性的前提。

路基路面现场测试选点方法包括均匀法、随机法、定向法、连续法和综合法。

1. 均匀法

将道路沿纵向或横向进行等间距划分，并在划分点处做好标记，在划分点上布置测点，如图2.1所示。

图2.1 均匀法选点示意图

2. 随机法

随机取样选点的方法是按数理统计原理在路基路面现场测试时确定测点位置的方法。

用随机数表征测点位置信息，常用的位置信息包括里程桩号、离道路中线的距离等，从而确定测点位置。随机选点方法参照《公路路基路面现场测试规程》JTG 3450—2019。

3. 定向法

选取轮迹带或出现裂缝、错台、板角等具有某个特征或指定位置作为测点，如图2.2所示。

图2.2 定向法选点示意图

4. 连续法

按相应标准的规定，沿道路纵向间距连续、均匀布置测区，如图2.3所示。

图2.3 连续法选点示意图

5. 综合法

同时使用上述两种以上的选点方法，确定测点位置。通常有沿道路纵向连续选择测区，测区内随机选择测点，或者沿道路纵向均匀确定测区，测区内定向选取测点等。

不同工程项目要根据自身特点和检测参数特点选择合理的方法，科学的取点方法有助于得到准确的检测数据，更好地发挥对工程建设的指导作用。

2.2.2 路基路面现场测试随机选点方法

公路路基路面工程线长面广，质量检验只能采用抽样检验，即从待检工程中抽取样本，根据样本的质量检查结果，推断整个待检工程的质量状况。随机抽样是以数理统计的原理，根据样本取得的质量数据来推测、判断总体质量的一种科学抽样检验方法。随机抽样可排除人的主观因素，使待检总体中每一个产品具有同等被抽取到的机会，能客观地反映总体的质量状况，因而被广泛使用，路基路面工程质量检验就采用了随机抽样的方法。

《公路路基路面现场测试规程》JTG 3450—2019 规定了公路路基路面现场测试随机选点方法。随机取样选点的方法是按数理统计原理在路基路面现场测试时确定测点位置的方法。应事先备好量尺（钢尺、皮尺或测距仪等），编号从 1~28 共 28 块硬纸片，装在一个布袋中。随机数表或能够产生随机数的计算机软件（如 WPS 表格、Excel 等）。

《公路路基路面现场测试规程》JTG 3450—2019 附录 A 提供了一般取样的随机数表，包括栏号 1~栏号 28，每个栏号下分为 A、B、C 三列，A 列为 01~30 的随机数，B 列和 C 列为小于 1 的三位小数的随机数。

根据路基路面施工或验收、质量评定方法等有关规范要求，确定需要测试的路段。它可以是一个作业段、一天完成的路段或路线全程。如在路基路面工程质量验收时，通常以 1km 为一个测试路段。

1. 选取测试区间或断面（纵向位置）的步骤

（1）按照有关标准规范规定的测试区间（断面）数量要求，将确定的测试路段划分为若干个区间或断面，将其编号为第 1~n 个区间或第 1~n 个断面，其总的区间数或断面数为 T。公路路基路面测试一般采用等长度（间距）划分区间（断面）。当区间（断面）数量 $T>30$ 时，应分次选取，若采用计算机软件进行随机选取，则不受选取数量限制。

（2）随机抽取一块硬纸片，硬纸片上的编号即对应一般取样的随机数表上的栏号。根据所抽取硬纸片对应的栏号，依次找出该栏号下 A 列 1~n 对应的 B 列中的值，也可通过计算机软件产生对应 A 值的 B 值。即得到 n 组 A、B 值。

（3）将 n 个 B 值与总区间数或断面数 T 相乘，四舍五入成整数，即得到 n 个断面的编号，即可根据该编号确定实际断面位置。

例如：按照有关规范规定，拟从 K36+000~K37+000 的 1km 检测路段中选择 20 个断面测定路面宽度、高程、横坡等外形尺寸，可采取以下方法确定断面：

1）按照 20m 等间距对拟测试路段内的断面进行编号。则 1km 总长的断面数 $T=1000/20=50$ 个，其编号为 1，2，…，50。

2）从布袋中摸出一块硬纸片，如其编号为 14，则使用一般取样的随机数表的第 14 栏。

3）从第 14 栏 A 列中挑出小于或等于 20 所对应的 B 列数值，将 B 与 T 相乘，四舍五入得到 20 个断面号，断面号乘以选择断面，并得到 20 个断面的桩号。

上述计算结果见表 2-2。

随机选取测试断面（纵向位置）示例计算表　　　　表 2.2

断面编号	14栏 A 列	B 列	$B \times T$	断面号	桩号
1	17	0.089	4.45	4	K36+080
2	10	0.149	7.45	7	K36+140
3	13	0.244	12.2	12	K36+240
4	08	0.264	13.2	13	K36+260
5	18	0.285	14.25	14	K36+280
6	02	0.340	17.05	17	K36+340
7	06	0.359	17.95	18	K36+360
8	14	0.392	19.60	20	K36+400
9	03	0.408	20.40	20	K36+420
10	16	0.527	26.35	26	K36+520
11	20	0.531	26.55	27	K36+540
12	05	0.787	39.35	39	K36+780
13	15	0.801	40.05	40	K36+800
14	12	0.836	41.8	42	K36+840
15	04	0.854	42.7	43	K36+860
16	11	0.884	44.2	44	K36+880
17	19	0.886	44.3	44	K36+900
18	07	0.929	46.45	46	K36+920
19	09	0.932	46.6	47	K36+940
20	01	0.970	48.5	49	K36+980

2. 选取测点（纵向及横向位置）的步骤

（1）按照有关标准规范要求确定测点数量 n。当 $n>30$ 时应分次选取，若采用计算机软件进行随机选取，则不受选取数量限制。

（2）随机抽取一块硬纸片，纸片上的编号即对应一般取样的随机数表中的栏号。根据所抽取硬纸片的栏号，依次找出该栏号下 A 列 $1\sim n$ 值对应的 B、C 列中的值，也可通过计算机软件产生对应 A 值的 B 值和 C 值。即得 n 组 A、B、C 值。

（3）以 A 列中对应的 B 列中数值乘以测试路段的总长度，再加上测试路段起点的桩号，即得出取样纵向位置，即断面桩号。

（4）以 A 列中对应的 C 列中的数值，乘以检查路面的宽度，再减去宽度的一半，即得出取样位置离路面中心线的距离。若差值为正（+），表示在中心线的右侧；若差值为负（-），则表示在中心线的左侧。

例如：按照有关规范规定，检查验收时拟在 K36+000～K37+000 的 1km 检测路段中选择 6 个测点进行钻孔取样检验压实度、沥青用量和矿料级配等，可按照如下方法确定钻孔位置：

1）随机抽取一张硬纸片，比如其编号为 3。

2）一般取样的随机数表中栏号 3 的 A 列中从上至下小于或等于 6 的数为 01、06、

03、02、04 及 05。

3) 栏号 3 的 B 列中与 A 列这 6 个数相应的 6 个小数为 0.175、0.310、0.494、0.699、0.838 及 0.977。

4) 取样路段长度 1000m，计算得出 6 个乘积（取样位置与该段起点的距离）分别为 175m、310m、494m、699m、838m、977m。

5) 栏号 3 的 C 列中与 A 列这 6 个数相应的 6 个小数为 0.641、0.063、0.929、0.073、0.166 及 0.494。

6) 路面宽度为 10m，计算得 6 个乘积分别是 6.41m、0.63m、9.29m、0.73m、1.66m 及 4.94m。再减去路面宽度的一半，6 个取样的横向位置分别是右侧 1.41m、左侧 4.37m、右侧 4.29m、左侧 4.27m、左侧 3.34m 及左侧 0.06m。

上述计算结果见表 2.3。

随机选取测点（纵向和横向位置）示例计算表　　　　表 2.3

栏号 3			取样路段长 1000m			路面宽度 10m		测点数 6 个
测点编号	A 列	B 列	距起点距离(m)	桩号	C 列	距路边缘距离(m)		距中线位置
NO.1	01	0.175	175	K36+175	0.641	6.41		右 1.41
NO.2	06	0.310	310	K36+310	0.063	0.63		左 4.37
NO.3	03	0.494	494	K36+494	0.929	9.29		右 4.29
NO.4	02	0.699	699	K36+699	0.073	0.73		左 4.27
NO.5	04	0.838	838	K36+838	0.166	1.66		左 3.34
NO.6	05	0.977	977	K36+977	0.494	4.94		左 0.06

2.3　试验检测数据预处理

2.3.1　数据保留位数

为了使试验检测数据记录、计算规范化，保证数据的精确性，数据处理应遵循一定规则。

在测量和数值计算中，确定取几位数字来代表测量或计算的结果时涉及有效数字问题。有效数字的位数越多，相对（绝对）误差就越小。在记录测量结果时，只允许末位为由估读得来的不确定数字，其余数字均为准确数字，称这些所记的数字为有效数字。在量测或计算中应按照有效数字有关判定准则合理确定有效数字的位数。

当试验结果由于计算或其他原因位数较多时，需采用数字修约的规则进行凑整。为了保证试验检测数据计算结果的精度，还应遵循计算法则的规定。

2.3.2　可疑数据的剔除

在一组条件完全相同的重复试验中，个别的测量值可能会出现异常，如测量值过大或过小，这些过大或过小的测量数据是不正常的，或称为可疑的。对于这些可疑数据应该用数理统计的方法判别其真伪，并决定取舍。

可疑数据的舍弃可按照 k 倍标准差作为舍弃标准，即在数据分析中，舍弃那些在 $\overline{X} \pm kS$ 范围以外的实测值，这里 $\overline{X}$ 是试验数据的算术平均值，S 是标准差。当试验数据 N 为 3、4、5、6 个时，k 值分别为 1.15，1.46，1.67，1.82；N 大于或等于 7 时，k 值采用 3。

取 $3S$ 的理由是：根据随机变量的正态分布规律，在多次试验中，测量值落在 $\overline{X} - 3S$ 与 $\overline{X} + 3S$ 之间的概率为 99.73%，出现在此范围之外的概率仅为 0.27%。

舍弃可疑值后，应重新计算平均值、标准差、变异系数等统计量，并分析测量值出现异常的原因，对路基路面质量检测出现异常测量值的测点及区域进行妥善处理。

2.4 数据的统计计算与分析

在公路路基路面工程质量检验中，通常通过检测一定数量的点位或断面的质量指标，来评价工程总体质量是否符合要求，即通过抽取总体中的一小部分样本加以检测，以便了解和分析总体质量状况，也就是抽样检验。

样本容量的大小，直接关系到判断结果的可靠性。一般来说，样本容量越大，可靠性越好，但检测所耗费的工作量亦越大，成本也就越高。因此，在路基路面工程施工控制和质量检验中，都规定了试验检测的频率。

按照我国路基路面工程有关施工技术规范和质量检验评定标准规定，需要对每个检测或评定路段内的测定值计算平均值、标准差、变异系数等统计量；按照数理统计原理计算检测或评定路段内的测定值的代表值，用代表值评价总体质量。

2.4.1 数据的统计量计算

一个检测或评定路段内某项检测指标的测定值有 N 个，分别为 $X_1, X_2, \cdots, X_N$，其中任一个测定值表示为 X_i，可按下列方法计算其统计量。

1. 平均值 $\overline{X}$

平均值有算术平均值、几何平均值、平方平均值、调和平均值、加权平均值等。其中，算术平均值是表示一组数据集中位置最有用的统计特征量，经常用样本的算术平均值来代表总体的平均水平，具体意义指一组数据中所有数据之和再除以这组数据的个数。它是反映数据集中趋势的一项指标。此外，如果数据存在严重偏差或较多异常值，利用均值反映数据集集中位置也并非最佳选择。算术平均值可按式（2-1）计算：

$$\overline{X} = \frac{\sum X_i}{N} \tag{2-1}$$

2. 标准差 S

标准差也被称为标准偏差，是方差的算术平方根。标准差能反映一个数据集的离散程度。平均数相同的两组数据，标准差未必相同。作为衡量样本数据离散程度的指标，标准差可按式（2-2）计算：

$$S = \sqrt{\frac{\sum(X_i - \overline{X})^2}{N-1}} \tag{2-2}$$

3. 变异系数 C_v

变异系数可称为标准差系数，反映样本数据的波动的大小。变异系数可以消除度量单位和均值不同对两个或多个资料变异程度比较的影响，实际数值是标准差 S 与算术平均值 $\overline{X}$ 的比值，即如公式（2-3）所示：

$$C_v(\%) = \frac{S}{\overline{X}} \times 100 \tag{2-3}$$

4. 中位数 $\widetilde{X}$

将 X_1，X_2，…，X_N，按其大小次序排序，以排在正中间的一个数表示总体的平均水平，称之为中位数，或称中值。N 为奇数时，正中间的数只有一个；N 为偶数时，正中间的数有两个，取这两个数的平均值作为中位数。对于较对称的数据，中位数两侧数据相差不大，中位数和均值比较接近，对于偏态数据中位数和均值不同。中位数不受异常值影响，具有稳健性。

5. 极差 R

极差也称为全距。R 表示数据波动范围的大小，也是描述数据分散性的指标，数据越分散，极差越大，是 X_1，X_2，…，X_N 数据中的最大值 X_{max} 与最小值 X_{min} 之差。

2.4.2 代表值

代表值的确定与测定值的概率分布有关。实践表明，公路路基路面工程试验检测项目的测定值的大小所出现的频率分布大多服从正态分布或 t 分布。

在公路工程质量检验与评价中，对有的指标限定下限，例如压实度、路面结构层厚度、半刚性基层和底基层材料强度；对有的指标限定上限，例如弯沉值。某个质量指标只规定了低限 L 时，其代表值取平均值的单边置信下限，应满足 $X \geqslant L$ 的要求。某个质量指标只规定了高限 U 时，其代表值取平均值的单边置信上限，应满足 $X \leqslant U$ 的要求。

一般来说，对于测点数 N 大于 30 时，按正态分布计算试验检测数据的代表值，测点数 N 较少时，则按 t 分布计算代表值。

1. 服从正态分布数据的代表值

公路路基路面工程质量检验评定方法中，对于服从正态分布的检测数据，计算代表值时考虑保证率 α，用 Z_α 表示保证率系数。

当限定上限时，代表值 X 的评定标准见公式（2-4）：

$$X = \overline{X} + Z_\alpha S \leqslant U \tag{2-4}$$

当限定下限时，代表值 X 的评定标准见公式（2-5）：

$$X = \overline{X} - Z_\alpha S \geqslant L \tag{2-5}$$

当保证率为 90% 时，$Z_\alpha = 1.282$；当保证率为 93% 时，$Z_\alpha = 1.5$；当保证率为 95% 时，$Z_\alpha = 1.645$；当保证率为 97.72% 时，$Z_\alpha = 2.0$；当保证率为 99.73% 时，$Z_\alpha = 3.0$。

2. 服从 t 分布数据的代表值

对于服从 t 分布的检测数据，计算代表值时考虑保证率 α。

当限定上限时，代表值 X 的评定标准见公式（2-6）：

$$X = \overline{X} + t_\alpha \frac{S}{\sqrt{N}} \leqslant U \tag{2-6}$$

当限定下限时，代表值 X 的评定标准见公式（2-7）：

$$X = \overline{X} - t_\alpha \frac{S}{\sqrt{N}} \geqslant L \tag{2-7}$$

其中 t_α 的数值不仅与保证率 α 有关，还随测点数 N 的不同而变，因其计算复杂，有专用表格可查用。

2.4.3 数据的表达方法和分析

如何对通过试验检测获得的一系列数据进行深入的分析，以便得到各参数之间的关系，甚至用数学解析的方法，导出各参数之间的函数关系，这是数据处理的任务之一。测量数据的表达方法通常有表格法、图示法和经验公式法三种。

1. 表格法

对试验中的一系列测量数据都是首先列成表格，然后再进行其他的处理。列成表格可表示出测量结果，也便于以后的计算，同时也是图示法和经验公式法的基础。

表格一般分为两种：一种是试验检测数据记录表，另一种是试验检测结果表。

试验检测数据记录表是该项试验检测的原始记录表，它包括的内容应有试验检测目的、内容摘要、试验日期、环境条件、检测仪器设备、原始数据、测量数据、结果分析以及参加人员和负责人等。

试验检测结果表只反映试验检测结果的最后结论，一般只有几个变量之间的对应关系。试验检测结果表应力求简明扼要，能说明问题。

2. 图示法

图示法的最大优点是一目了然，即从图形中可以非常直观地看出测量值的变化规律，如递增性或递减性，最大值或最小值，是否具有周期性变化规律等。

图示法的基本要点如下：

（1）在直角坐标系中绘制测量数据的图形时，应以横坐标为自变量，纵坐标为对应的测量值。例如，分析平整度检测结果随路面纵向的变化情况，可设横坐标为桩号，纵坐标为国际平整度指数（IRI）。

（2）坐标纸的大小与分度的选择应与测量数据的精度相适应。坐标分度值不一定自零起，可用低于试验数据的某一数值作起点和高于试验数据的某一数值作终点，曲线以基本占满全幅坐标纸为宜。

（3）坐标轴应注明分度值的有效数字和名称、单位，必要时还应标明试验条件，坐标的文字书写方向应与该坐标轴平行，在同一图上表示不同数据时应该用不同的符号加以区别。

（4）将每个试验数据在坐标系中标出成为一个点，然后用直线将这些点相连接，即可大致看出一组试验数据的变化特点。

3. 经验公式法

运用最小二乘法原理，通常可利用统计分析软件，对一组试验数据进行曲线拟合或回归分析得到经验公式，使测量数据不仅可用一条直线或曲线表示，而且可用与图形对应的一个经验公式来表示。应通过检验其相关性，明确所建立经验公式的准确性。精度达到一定要求的经验公式才能用于工程中。

第三章　城市道路养护管理检查

城市道路养护管理检查分为日常巡查、定期检测和特殊检测三类，检查对象包括沥青路面、水泥混凝土路面和砌块路面等类型的机动车道、非机动车道以及人行道、路基和附属设施。

日常巡查分为日常巡视和夜间巡视，日常巡视为了掌握公路路况和交通运行状况等进行的巡视。主要巡视路基、路面桥涵隧道等构筑物及绿化、沿线设施的完好程度，检查是否有影响行车的路障。巡视每天不少于1次，并及时做好记录。夜间巡视为了检查夜间照明和标志、标线的技术状况而进行的巡视。每月不少于1次，对发现的问题及时做好记录并提出处理意见。日常巡查是由基层管养单位具体实施，主要工作是对城市道路基础设施的日常巡视和保养；定期检测是由具有相关检测资质的第三方检测单位完成，主要工作是对城市道路基础设施的技术状况和养护状况进行评定分析；特殊检测属于应急检测，由城市道路管理部门完成，主要工作是对突发性和应急性城市道路问题进行检测。

城市道路养护管理检查定期进行，日常巡查、定期检测和特殊检测检查的频率不同，可根据检查结果制定年度维修计划及道路养护规划，还可根据评价结果制定城市道路养护长效管理机制和考核机制，有效规范城市道路市政专业养护管理，切实提高城市道路市政专业养护质量，建立健全城市道路养护管理工作评价体系。城市道路检查、评价及养护流程如图3.1所示。

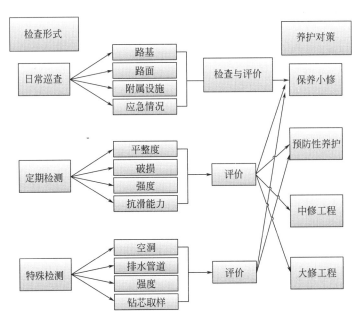

图 3.1　城市道路检查、评价及养护流程

3.1 日常巡查

城市道路日常巡查内容包括路基、路面、附属设施、施工作业情况及各类应急突发情况。日常巡查由经过专业技术培训的基层道路管理人员或养护技术人员负责,通过目测、测量、拍照、记录手段,配以巡查车辆和设备,对影响行车安全和路网畅通的养护、路政或应急事件做好相关记录,定期整理归档,以便及时、合理地安排维修和维护工作,确保城市路网的正常高效运行。

日常巡查按城市道路养护等级分别制定巡查周期,养护等级的划分依据各类道路在城市中的重要性分为三个养护等级,《城镇道路养护技术规范》CJJ 36—2016 中养护等级划分及巡查周期如下:

Ⅰ类养护等级道路:城市快速路、主干路、广场、商业繁华街道、重要生产区道路、外事活动路线及游览线路,巡查周期宜每日一巡;

Ⅱ类养护等级道路:除Ⅰ等养护等级道路以外的次干路、步行街、支路中的商业街道,巡查周期宜两日一巡;

Ⅲ类养护等级道路:除Ⅰ、Ⅱ等养护等级道路以外的支路,巡查周期宜三日一巡。

日常巡查的内容按路基、路面和附属设施等进行,具体见表3.1。

日常巡查检查内容　　　　　　表3.1

巡查内容	巡查部位		检查内容
路基	路基、路肩、边坡、挡土墙		翻浆、沉陷、空洞、塌陷、滑移
路面	车行道	沥青路面	线裂、网裂、龟裂
			拥包、车辙、沉陷、翻浆
			剥落、坑槽、啃边
			路框差、唧浆、泛油
		水泥混凝土路面	线裂、板角断裂、边角裂缝、交叉裂缝和破碎板
			接缝料损坏、边角剥落
			坑洞、表面纹裂、层状剥落
			错台、拱胀、唧浆、路框差、沉陷
	人行道		裂缝、松动或变形、残缺
附属设施	声屏障、标志牌、分隔带、护栏和隔离墩、涵洞、边沟、排水沟、截水沟、检查井、雨水井		缺失、损坏、位置不当、尺寸不规范、颜色不鲜明、污染
特殊情况	1. 道路范围内的施工作业对道路设施的影响; 2. 道路积水及其他不正常损坏现象; 3. 道路出现异常沉陷、空洞; 4. 路面出现大于100mm的错台; 5. 井盖、雨水口篦子丢失; 6. 路面严重积水、结冰等严重影响道路正常使用现象		

随着人工智能技术和基础设施数字化的发展，日常巡查也向着智能装备的方向发展。市场上出现的智能巡检设备利用数字图像采集技术和深度学习技术，对道路巡检的路面、桥涵及其沿线设施的病害位置、范围、严重程度等信息进行准确定位，并用无线传输至相关道路信息化管理系统，大幅提升了巡检的效率和安全性。巡查装备应能在不封闭交通条件下以车流速度进行路况巡查，采集的巡查信息能满足城市道路日常养护管理的需求，并具备连续工作能力，市场上的巡查装备具备的基本功能：

（1）巡查装备可按设定的距离间隔或时间间隔，连续采集道路的前方景观图像，图像纹理清晰、色彩真实，可用于道路损坏的识别处理。

（2）巡查装备综合应用距离测量装置和地理位置信息采集装置，对巡查地点及采集的道路图像进行准确定位，建立路线桩号和地理位置之间的准确对应关系；巡查过程中，能根据采集的地理位置信息自动定位巡查地点的路线及桩号位置；为采集的每张道路前方图像提供准确的桩号及地理坐标信息。

（3）巡查装备可对采集的道路前方图像进行自动或人工辅助处理，获取道路损坏信息。

（4）巡查装备巡查过程中获取的巡查信息应能实时传输到道路管理部门的相关管理信息平台。

（5）巡查信息应能按路线、养护班组等需求自动汇总统计，形成巡查日志。

特殊的城市道路如高架桥以及地下通道同样具备养护和检查需求，二者有着城市缓解城市道路交通阻塞、改善城市交通状况的功能，对高架桥等城市桥梁的日常检查内容要求主要见表3.2。

桥梁结构日常巡查检查内容 表3.2

部件类型	检查内容
桥梁结构	有无异常变形、异常振动及其他异常状况
外观是否整洁	是否整洁，构件表面是否完好、有无损坏、开裂、剥落、起皮、锈迹等
主梁裂缝	裂缝是否有发展，箱梁内是否有积水，适当抽查焊缝有无开裂、螺栓有无松动或缺失
斜拉索、吊杆、系杆等索结构	1.锚固区的密封设施是否完好，有无积水或渗水痕迹，密封橡胶树脂等有无老化和开裂。2.主缆最低点是否渗水。注重检查护套、密封圈等表面构件是否存在老化、开裂及渗漏水等情况
伸缩缝	是否堵塞、卡死，连接部件有无松动、脱落、局部破损
桥面铺装	是否存在缺陷
人行道、缘石	有无破损、剥落、裂缝、缺损和松动
排水设施	有无堵塞和破损
墩台	1.有无明显的倾斜、损伤、开裂及是否受到车、船或漂流物撞击而受损；基础有无冲刷、损坏、悬空。2.墩台与基础是否受到生物腐蚀
翼墙、锥坡等调治构造物	有无缺损、开裂、沉降和塌陷
监测设施	永久观测点及标志点的状况

通道类日常工作内容见表3.3。

通道类日常巡查检查内容　　　　　　　　　　　表 3.3

部件类型	检查内容
进、出水口	铺砌、翼墙、护坡、挡水墙、沉砂井、跌水、急流槽等是否完整
	是否堵塞，沉砂井有无淤积、洞内有无淤塞及排水不畅
整体外观	是否有杂物堆积，涵洞是否清洁、渗漏水
基础	高填土涵洞的路基填土是否稳定、是否沉降
通道洞内结构	洞内结构各构件是否有损坏

隧道日常检查的范围主要包括：洞口、洞内、衬砌、检修道、排水设施、吊顶及各种预埋件等。具体工作内容要求见表 3.4。

通道类日常巡查检查内容　　　　　　　　　　　表 3.4

部件类型	检查内容	判定描述	
		一般异常	严重异常
洞口	1. 边坡有无危石、积水；2. 边沟有无淤塞；构造物有无开裂、倾斜、沉陷等	1. 存在落石、积水隐患；2. 构造物局部开裂、倾斜、沉陷，有妨碍交通的可能	1. 坡顶落石、积水漫流；构造物因开裂、倾斜或沉陷而致剥落或失稳；2. 边沟淤塞，已妨碍交通
洞门	结构开裂、倾斜、沉陷、错台、起层、剥落、渗漏水	1. 侧墙出现起层、剥落；2. 存在渗漏水或结冰，尚未妨碍交通	1. 拱部及其附近部位出现剥落；2. 存在喷水，已妨碍交通
衬砌	结构裂缝、错台、起层、剥落	衬砌起层，且侧壁出现剥落状况，尚未妨碍交通，将来可能构成危险	衬砌起层，且拱部出现剥落状况，已妨碍交通
	渗漏水	存在渗漏水尚未妨碍交通	拱部落物存在大面积路面滞水、裂缝，已妨碍交通
路面	1. 落物、油污；2. 滞水；路面拱起、坑槽、开裂、错台等	存在落物、滞水、裂缝等，尚未妨碍交通	拱部落物，存在大面积路面滞水、裂缝，已妨碍交通
检修道	1. 结构破损；盖板缺损；2. 栏杆变形、损坏	1. 栏杆变形、损坏；盖板缺损；2. 结构破损，尚未妨碍交通	1. 栏杆局部毁坏或侵入建筑限界；2 道路结构破损，已妨碍交通
排水设施	缺损、堵塞、积水	存在缺损、积水，尚未妨碍交通	沟管堵塞，积水漫流，设施缺损严重，已妨碍交通
吊顶及各种预埋件	变形、缺损、漏水	存在缺损、漏水，尚未妨碍交通	缺损严重，或从吊顶板漏水严重，已妨碍交通
内装饰	脏污、变形、缺损	存在缺损，尚未妨碍交通	缺损严重，已妨碍交通

要落实好日常巡查，首先要做好充分的定期检查准备工作，进一步完善桥梁定期检查大纲，查阅相关资料；依据规范制定定期检查记录表，准备线管检查记录表格；统计以往检查中发现的存在严重问题的桥梁，并在本次检查中重点检查；组织本次检查人员进行技术和安全培训。

日常巡查将首先校核道路基本数据，然后开始检测，并当场填写道路日常巡查记录表，记录各部位的缺损状况并做计算评分，根据评定和检查结果，确定是否需要对该道路做进一步的特殊检查，或提出维修方式和安全建议。所有的检查数据和评定结果将总结在检查报告中。

城市道路的日常检查工作不仅专业性强，并且具有较高技术含量。桥梁检查工作的责任是非常重的，因而必须要求参与到桥梁检查工作的人员具有较高的责任感以及专业的技能，不仅能够灵活运用相关理论知识，还能够具有吃苦耐劳的精神，并且在检查工作中具有强烈的责任心。因而必须加强检查人员技能的提高，可以进行定期以及不定期的培训工作，建立专业桥梁检查队伍，以确保桥梁检查数据的准确性。

日常巡查工作的展开离不开资金以及技术上的投入，要保证检查资金及时到位，还需要加强对先进检查设备的投入，对桥梁检查的水平进行不断的提高。

由于需要检查的道路极为繁杂，为避免现场检测时有漏检，致使检测结果不完整，必须在检测作业前拟定详细的检测计划，确定检测流程，以确保顺利、完整地完成检测任务。随着社会经济的不断发展，各类城市道路的规模都在不断地扩大，各类道路的运输压力也有不同程度的提高，为了保证道路行车的安全性，必须加强对道路的日常巡查以及定期检测工作，从而对道路状况进行详细的掌握和了解，在此基础上，对道路出现的问题采取有效的措施，从而对道路的寿命进行有效的延长，增加道路的行车安全性。

日常巡查宜采用乘车、骑行或步行巡查方式，乘车巡查过程中发现路面突发病害及异常情况时应停车辅助人工检查，并应符合下列规定：

（1）巡查车辆的车身应有明显标志，配备导向闪光箭头，车顶宜安装带有黄闪标志的车辆闪光灯。

（2）巡查人员应具备沥青路面相关专业知识，经过安全培训与作业交底，具备初步判别路面病害及处治突发情况的能力。巡查人员应穿戴安全标志服，配备简易量测工具及照相、移动数据终端等设备。

（3）日常巡查车辆速度，高速公路及一级公路不宜大于 60km/h，二级及二级以下公路不宜大于 40km/h，应开启车辆闪光灯和闪光箭头。停车辅助人工检查时，可临时停靠在右侧紧急停车带或右侧路肩，巡查人员应在车辆前方快速完成检查作业后及时撤离。

（4）日常巡查发现路面影响通行的障碍物或异常情况时，应及时采取措施进行清除与处理。危及行车安全的，应采取临时安全保障措施后再进行处理；不能立即清除的，应及时通知相关单位处理。

3.2　定期检测

明确规定道路养护部负责管理的公路经常检查的工作对象、作业要求、质量标准、考核方法；通过经常检查发现日常巡查难以发现的损坏情况和可能影响交通的事件，以便养护维修人员及时、合理地安排清理与维修，尽快恢复道路正常使用状态，使道路处于良好的服务水平。定期检查与定期检测具有明显的界定：定期检查是制订养护工程计划和评定养护质量而实施的检查，为加强养护质量管理建立健全定期的养护工作检查制度。养护工作检查的内容主要有：道路养护质量、养护工区管理、执行养护政策情况、维修保养技术管理、安全生产情况等。

定期检测收集记录道路当前状况，调查交通量及车型组成的变化给设施运行带来的影响，并跟踪结构与材料的使用性能变化。城市道路定期检测分为常规检测和结构强度检测，常规检测包括车行道、人行道、广场设施的平整度、破损和抗滑性能检测，基层损坏状况和附属设施损坏状况。常规检测为城市道路技术状况评价、养护状况评定和养护工程的决策提供检测数据支撑，定期检测频率详细信息见表3.5。

定期检测频率 表3.5

检测与调查内容	城市道路养护等级		
	Ⅰ等养护	Ⅱ等养护	Ⅲ等养护
破损	1年1次	1年1次	1年1次
平整度	1年1次	1年1次	1年1次
抗滑性能	1年1次	1年1次	1年1次
结构强度	2～3年1次	3～4年1次	3～4年1次

常规检测可采用人工调查或自动化检测方式，设备的多元化的情况，对于一个检测项目，往往可以用多种方法测试。例如平整度可以用激光平整度仪、3m直尺和平整度仪，采集的指标也不相同，如3m直尺测量的是3m直尺与路面的最大间隙h（mm）、平整度仪测定的是标准差σ（mm）和激光平整度仪测量的是国际平整度指数IRI（m/km）。

路面破损的检测采用线扫成像、面扫成像和激光数字成像等路况摄像仪，路面破损检测数据是整个常规检测中处理工作量最大的，推荐采用机器自动识别的方式，识别准确率达到90%以上，已取代人工识别的方法，提高处理的效率。

抗滑性能检测方式分为三种，分别是摆式仪检测的摆值BPN，激光构造深度仪检测的构造深度TD和单轮式横向力系数检测车采集的横向力系数SFC。

结构强度检测指标为路面回弹弯沉值，检测设备有落锤式弯沉仪、贝克曼梁或自动弯沉检测仪等。

在桥梁定期检测工作中，主要目的是对桥梁的现状进行了解，并且能够全面掌握桥梁的具体使用情况。能够以定期检查得到的结果为主要依据，为桥梁今后的养护以及加固提供一定的技术基础。在桥梁的定期检查工作中，间隔的最长时间不应该高于三年。通常来说，如果桥梁为新建桥梁，那么为了对桥梁的安全状况和使用功能进行确定，必须在其使用一年之后，对其进行详细和系统的检查，对于临时桥梁则需要对其进行一年一次的定期检查工作。如果在对桥梁的经常性检查工作中发现桥梁的重要构件在3类以下，那么需要安排一次定期检查工作。

对城市桥梁结构定期检测频率见表3.6。

定期检测频率 表3.6

检测与调查内容	城市道路养护等级		
	Ⅰ等养护	Ⅱ等养护	Ⅲ等养护
桥梁结构	1月1次	2月1次	1季1次

在洪水、台风、冰冻等自然灾害频发期应提高经常检查频率，养护检查等级为Ⅱ、Ⅲ级的桥梁，如在定期检查中发现存在4类构件，加固处治前应提高经常检查频率。

涵洞、通道经常检查频率每季度2次；

隧道经常检查的频率根据养护等级而定：Ⅰ级检查频率为1次/月、Ⅱ级为1次/2月，Ⅲ级为1次/季，在雨季或极端天气情况下，应相应提高检查频率。

3.3 特殊检测

特殊检测为强制性检测，主要是对设施存在安全隐患的特殊检测，主要分五种特殊检测情况：

(1) 道路改扩建前的特殊检测，能够便于及时发现和消除隐患；

(2) 对发生不明原因的沉陷、开裂和冒水路段，进行排水管道破裂漏水检测和塌陷空洞检测，采用CCTV电视、声呐、管道潜望镜等检测方式进行的检测；

(3) 道路下方的管涵顶进、降水作业或隧道开挖等工程施工完成后检测路面是否下沉、路基是否发生空洞等病害，利用探地雷达设备等手段进行的检测；

(4) 存在影响道路使用功能和结构安全的施工，包括地下工程施工、管线施工、基坑施工等时，进行的特殊检测以评价施工对道路的影响；

(5) 当存在超过设计使用年限，结构破坏或材料退化，可能存在安全隐患的施工时进行的特殊检测。

特殊检测的内容及步骤如下：

(1) 收集资料：交竣工验收、历年养护及检测评价资料；特殊工艺技术、材料、交通量统计等；

(2) 检测道路结构强度，必要时进行钻芯取样分析；

(3) 调查道路破坏产生的原因；

(4) 对道路结构整体性能、功能状况进行的评价；

(5) 提出的维护或加固建议。

3.4 检查记录

检查人完成巡查后要填写巡查记录，内容包括路段起止桩号、检查时段、巡查情况、处理结果及时限、巡查人、责任人以及天气情况等。

检查记录作为原始记录，严禁打印，必须人工填写。填写要做到及时、准确、真实，字迹要清晰。用钢笔、签字笔等填写，严禁用铅笔填写，以便保存，常用记录表见表3.7。

检查记录原件应存档至少两年用于备查。

记录表填写完毕后宜采用移动终端实时录入信息数据，并按信息管理系统功能将突发病害图片、有关说明等信息一并录入，巡查结束后应及时整理、汇总日常巡查记录，并录入相关信息管理系统。日常巡查中发现重大情况应按相关规定及时报告。

记录表样表　　　　　　　　　　　　　　　　　表 3.7

巡查记录表

巡查人		路段（起止桩号）	
时间			
责任人		路段长度	
天气情况		备注	

巡查情况：

第四章 城市道路养护工程检查与验收

城镇道路养护工程的检查与验收包括预防性养护、保养小修、中修工程、大修工程、改扩建工程等。养护单位应对保养小修质量进行自查，建立自查技术档案，自查结果报管理单位备案，管理单位应进行质量抽检。

（1）预防性养护、中修工程检查与验收应符合下列规定：

1）应对工程全过程进行监理；

2）应对施工过程和隐蔽部分的施工进行检查和验收；

3）工程完成后，应进行验收；

4）竣工资料应及时验收归档。

（2）大修工程检查与验收应符合下列规定：

1）应对工程全过程进行监理；

2）应按分项工程逐项进行验收；

3）竣工验收应符合下列程序：

① 工程竣工后，应按设计文件和城镇道路维修作业验收标准进行自检，作出质量自评，并进行初验；

② 应对工程质量作出监理评价和设计评价；

③ 应及时组织竣工验收及质量评价，并报有关单位备案；

④ 如工程未达到验收标准，应提出整改意见并及时整改，达到标准要求后再进行复验；

⑤ 当工程内容符合设计文件、工程质量符合验收标准、竣工文件齐全完整时，应及时办理交验手续；

⑥ 竣工资料应及时验收和归档。

（3）城镇道路的改扩建工程检查与验收应依据新建工程的质量与验收标准进行。

4.1 沥青路面养护工程

沥青路面预防养护、修复养护和应急养护中涉及修复养护的工程，应进行养护工程设计。专项养护工程沥青路面设计可根据工程技术特点进行。

沥青路面养护工程宜采用一阶段施工图设计；对于技术特别复杂的，可采用技术设计和施工图设计两阶段设计。应急养护和技术简单的养护工程可采用技术方案设计，并按技术方案组织实施。

沥青路面养护应根据季节气候特点，按照"预防为主、防治结合"的原则，有计划地进行。

春季：做好路面的温缩裂缝和其他裂缝的灌、封修补，并及时快速地修补冬寒春雨期产生的坑槽、松散等损坏。

夏季：利用高温期铲除拥包，修复车辙等变形类损坏，改善和提高路面的平整度。修复寒冷季节期修补处出现的损坏，恢复路面使用质量。

秋季：密切注意气候变化，在降温前完成年度路面修补主要工作。适时做好路面过冬保全措施，及时修补坑槽及进行路面上封层、铣刨加罩等。

冬季：以零星损坏修补为主，同时落实防雪、防冰、防滑等预案措施，以及做好冬春之际阴雨天气的突击补坑等维护工作。

应按照经常性巡查要求和路面变化状况，做好下列保养小修工作：维护新铺路面施工接缝及处理路面接茬处不紧密、粒料散失现象；处治路面轻微裂缝、拥包、麻面、剥落等损伤症状；整治沥青面层与水泥及其他材料面层交界处局部变形及高差；快速路的路面清扫保洁及雨后路侧黄泥沉积带清除。

预防性养护工程检查内容应包括病害预处治、预防性养护措施的质量检查与验收。病害预处治质量检查与验收标准应符合表4.1的相关规定。

裂缝处治质量检查与验收标准 表 4.1

项目	质量要求或允许偏差	检查频率		检验方法
		范围	点数	
外观	贴封式：边缘整齐、表面平整、无划痕；无贴封式：表面平整、密实、填料均匀、无颗粒状胶粒	全检		目测
开槽尺寸（mm）	宽度：10～30；深度：15～25	20m	1	钢直尺，游标卡尺
封缝料宽度（mm）	贴封式≤50,封条突出凹槽边缘各5～10；无贴封式≤30	20m	1	钢直尺，游标卡尺
封缝料高度（mm）	封缝料高于路面1.5～2.5	20m	1	

预防性养护措施质量检查与验收标准应符合表4.2～表4.6的规定。

沥青再生处治质量检查与验收标准 表 4.2

项目		质量要求或允许偏差	检测频率	检测方法
外观		表面黝黑、均匀、湿润、美观	全检	目测
抗滑性能	BPN 或 SFC	符合设计要求,施工30d后保持不变	5个点/km	T0964～T0968
渗水测试	mL/min	符合设计要求,施工30d后保持不变	5个点/km	T0971
构造深度（mm）		≥0.55,施工30d后保持不变	5个点/km	T0961
渗透深度（mm）		施工30d后不小于0.4	5个点/km	测厚仪
抗燃油测试		施工30d后无破坏痕迹	1个点/km	滴燃油，目测比较

(含砂)雾封层质量检查与验收标准　　　　　　　　　　　　　表4.3

项目		质量要求或允许偏差	检测频率	检测方法
外观		表面黝黑、(砂)均匀	全检	目测
抗滑性能	BPN 或 SFC	符合设计要求	1个点/2000m²	T0964~T0968
	构造深度(mm)	≥0.55	1个点/2000m²	T0961
渗水测试(mL/min)		符合设计要求	1个点/2000m²	T0971
油膜厚度(mm)		0.1~0.3	1个点/1000m²	测厚仪

碎石封层质量检查与验收标准　　　　　　　　　　　　　　表4.4

项目	质量要求或允许偏差	检验频率	检测方法
外观	无空白面积，表面平整且石料覆盖均匀	全检	目测
抗滑性能(BPN 或 SFC)	符合设计要求	1个点/2000m²	T0964~T0968
平整度(标准差σ值)	≤7mm	连续测定	T0932
厚度	≥设计值×(1−10%)	1个点/1000m²	T0912

稀浆封层及微表处质量检查与验收标准　　　　　　　　　　表4.5

项目	质量要求或允许偏差	检验频率	检测方法
外观	表面平整、均匀一致、无拖痕、无显著离析、接缝顺畅	全检	目测
抗滑性能(BPN 或 SFC)	符合设计要求	1个点/2000m²	T0964~T0968
渗水系数/(mL/min)	≤150(开放交通后)	1个点/2000m²	T0971
厚度	≥设计值×(1−10%)	1个点/1000m²	T0912

薄层热拌沥青混凝土罩面工程质量验收标准　　　　　　　　表4.6

检查项目		质量要求或允许偏差	检查频率	检测方法
外观		表面平整密实，不得有明显轮迹、裂缝、油包等缺陷，且无明显离析	全检	目测
厚度		≥设计值×(1−10%)	1个点/1000m²	T0912
平整度(标准差σ值)		≤1.5mm	连续测定	T0932
路框差		≤5mm	每座	用尺量
抗滑性能	BPN 或 SFC	符合设计要求	1个点/2000m²	T0964~T0968
	构造深度	符合设计要求	1个点/2000m²	T0961 或 T0966
渗水系数(mL/min)		≤300(普通沥青路面)，≤200(SMA 路面)	1个点/2000m²	T0971

注：表4.2~表4.6中的检测方法 T0912~T0971 应按现行行业标准《公路路基路面现场测试规程》JTG 3450 相关规定执行。

　　沥青路面养护工程检查内容应包括凿边质量、铺筑质量、平整度、接茬质量、路框差、横坡度等，要保持沥青路面干净、整洁，及时清除杂物、积水；及时发现并处治裂缝、坑槽、松散、沉陷、车辙等病害，与原路面接合的界面顺直、紧密、耐久，达到平整、美观等效果；路缘石保持线条直顺、顶面平整、无缺失，具有良好的视线诱导与挡水引流效果；路面障碍及时清理或报告，并做好沥青路面日常巡查、病害处治和障碍清理记录。沥青路面养护工程质量验收应符合表 4.7 的规定。

沥青路面养护工程质量验收标准　　　　　　　　　　表 4.7

项目	质量要求或允许偏差	检验方法
凿边	1. 四周用切割机切割，整齐不斜； 2. 如采用铣刨机或其他工程机械施工，边口应整齐不斜； 3. 四周修凿垂直不斜，凿边宽度不小于 50mm，深度不小于 30mm	用尺量
铺筑	1. 面层铺筑厚度 −5mm，+10mm； 2. 细粒式沥青混凝土面层厚度不得低于 30mm，粗粒式沥青混凝土面层厚度不得低于 50mm，中粒式沥青混凝土面层厚度不得低于 40mm； 3. 表面粗细均匀，无毛细裂缝，碾压紧密，无明显轮迹	用尺量
平整度	路面平整，人工摊铺不大于 7mm，机械摊铺不大于 5mm	3m 直尺量
接茬	1. 接茬密实，无起壳、松散； 2. 与平石相接不低于平石，不得高于 5mm； 3. 新老接茬密实，平顺齐直，不得低于原路面，不得高于 5mm	1m 直尺量
路框差	1. 各类井框周围路面无沉陷； 2. 各类井框与路面高差不得大于 5mm	1m 直尺量
横坡度	与原路面横坡相一致，无积水	目测

沥青路面养护工程设计应按现行《公路沥青路面养护设计规范》JTG 5421 的有关规定执行，沥青路面大修和改扩建工程检查与验收标准应按现行《城镇道路工程施工与质量验收规范》CJJ 1 的规定执行。

4.2　水泥混凝土路面养护工程

水泥路面养护应按照"预防为主、防治结合"的原则有规律地进行。

应对面层接缝进行经常性维护；每 2～3 年全面清理和更换一次接缝填缝料，保持面板良好的闭水防渗性；采用合适的检测手段，有计划地对面板进行的板底脱空探查；观察和记录路面变化状况，分析各类损坏原因并采取相应的养护措施。

水泥混凝土路面应做好下列经常性保养工作：

（1）清除嵌入接缝的异物，填补脱落缺损和铲除高出板面的填缝料；

（2）清洗路面上因化学试剂及油污造成的污染；

（3）严禁直接在路面上拌制水泥混凝土或砂浆，保持路面整洁；

（4）整治水泥面层与沥青及其他材料面层交界处局部变形及高差。

接缝的日常维护工作应当符合表 4.8 要求。

接缝维护措施 表 4.8

填缝料状况	允许指标	维护措施	说明
凸出路面	不允许	铲平	快速路、主干路
	≥3mm		次干路、支路
脱落缺失(边长)	<1/3	填补	—
	≥1/3	更换	
老化、开裂,密封性能缺失	—		—

接缝填缝料的更换及填补应符合下列要求:

清缝、灌缝宜使用专用机具,确保填缝料与面板粘结牢固,填缝料外溢流淌到面板应予清除,填缝料的技术性能应满足表 4.9 的规定。

填缝料技术要求 表 4.9

项目	技术指标	
	热熔型	常温型
针入度(0.1mm)	<90	—
粘结强度(MPa)	—	≥0.4
弹性(复原)率(%)	≥60	≥90
流动度(mm)	<2	0
拉伸量(−10℃,mm)	≥15	≥25

水泥混凝土路面出现下列损坏情况,应及时进行修补:

(1) 裂缝类、接缝破坏类、表面破坏类及其他类型的路面局部损坏;
(2) 检查井隔仓内板面损坏;
(3) 板底脱空现象。

板面出现单条线形裂缝,应按以下情况分别处治。其中,灌浆材料应满足如下规定:

1) 裂缝宽度小于 3mm 的,可采用注浆粘结方法处治,使用压力灌浆器将灌浆材料顺序注入缝内;

2) 裂缝宽度为 3~15mm 的,可采用扩缝补块法处治,顺裂缝两侧平行于缩缝进行切缝,切缝距裂缝不小于 150mm,切凿深度不大于 2/3 板厚;

3) 裂缝宽度大于 15mm 的,可采用全深度切凿补块。

加铺水泥混凝土面层施工应符合下列要求:

1) 应控制加铺层的标高与周边环境、沿路建筑地坪相协调,不得影响正常道路排水。

2) 必须按本书第 6.3 节相关规定对原路损坏面板进行全面处治,更换破碎板,清缝封缝。

3) 结合式加铺层应将旧面板的凿毛、深度为 5~10mm,表面刷一层水灰比为 0.4~0.5 的水泥浆。

4) 分离式加铺层新旧面层之间应设置隔离层。隔离层可选用沥青混合料、无纺土工织物或沥青油毡等品种。

5) 钢纤维混凝土加铺层宜采用表面振动器振平,直到拌合物表面充分的泛浆为止。

6)加铺层新、旧混凝土面板应尽可能对缝,模板拆除时必须做好锯缝位置的标记。

水泥混凝土路面养护检查内容应包括切割质量、铺筑质量、平整度、相邻板差、伸缩缝、路框差、纵横坡度等。水泥混凝土道路养护质量验收应符合表4.10的规定。

水泥混凝土道路养护质量验收标准　　　　表 4.10

项目	质量要求或允许偏差	检验方法
切割	四周切割整齐垂直,无损伤碎片,切角不得小于90°	用尺量
铺筑	1. 抗压、抗弯拉强度不低于原有路面强度,板厚度允许误差±5mm; 2. 路面无露骨、麻面,板边蜂窝麻面不得大于3%,面层拉毛、压痕或刻痕应整齐	试块测试及用尺量
平整度	路面整齐度高差不大于3mm	3m 直尺量
抗滑	符合设计要求	测试
相邻板差	新板边接边,高差不得大于5mm	1m 直尺量
伸缩缝	1. 顺直,深度、宽度不得小于原规定; 2. 嵌缝密实,高差不得大于3mm	1m 直尺量
路框差	1. 座框四周宜设置混凝土保护边; 2. 座框或护边与路面高差不得大于3mm	1m 直尺量
纵横坡度	与原路面纵坡、横坡相一致,无积水	目测

其他路面养护检查应包括平整度、相邻块高差、路框差、缝宽、纵横缝线中心偏差等。其他路面养护质量验收应符合表4.11的规定。

其他路面养护质量验收标准　　　　表 4.11

项目	规定值及允许偏差	检验范围		检验方法(取最大值)
		范围	点数	
平整度	1. 块石铺砌路面:0~5mm; 2. 水泥混凝土砌块路面:0~7mm	10m	1	3m 直尺量
相邻块高差	1. 块石铺砌路面(光面):1mm,(毛面):2mm; 2. 水泥混凝土砌块路面:2mm	10m	3	用尺量
路框差	1. 块石铺砌路面:2mm; 2. 水泥混凝土砌块路面:3mm	每井	1	用尺量
缝宽	1. 块石铺砌路面:±2mm; 2. 水泥混凝土砌块路面:±2mm	10m	3	10m 线用尺量
纵横缝线中心偏差	1. 块石铺砌路面:±1mm; 2. 水泥混凝土砌块路面:±2mm	10m	3	10m 线用尺量

4.3 人行道养护工程

人行道养护包括人行道基层,面层以及无障碍设施、测石、平石和踏步的维护,对人行道应当经常巡查、对人行道的养护应符合如下规定:

(1) 表面平整，无积水，砌块无松动、残缺，相邻块高差符合要求；
(2) 侧石、平石、踏步稳定牢固，不得缺失；
(3) 人行道检查井盖不得凸起、沉陷，检查井盖不得缺失；
(4) 盲道上的导向砖、止步砖位置应安装正确。

人行道养护检查内容应包括材料质量、铺筑质量、平整度、路框差、接茬质量、凿边及压缝质量等。人行道养护质量验收标准应符合表 4.12 的规定，人行道基础维修质量验收标准应符合表 4.13 的规定，缘石养护质量验收标准应符合表 4.14 的规定。

人行道养护质量验收标准　　　　　　　　　　　　　　　　　表 4.12

项目	质量要求或允许偏差	检验方法
铺筑	1. 预制块、块石铺筑平整不动摇，缝隙饱满； 2. 纵横缝顺直，排列整齐，纵向偏差不得大于 10mm； 3. 铺筑人行道板完整，一块板不超过一条裂缝，有缺角用混凝土补平	用 10m 线量测
强度、厚度	1. 现浇水泥人行道强度、厚度符合设计要求，振捣坚实； 2. 表面无露骨、麻面。厚度允许偏差应为 +10mm，-5mm	试块检验用尺量
平整度	预制块和现浇水泥人行道的平整度不得大于 5mm	3m 直尺量
路框差	1. 检查井及公用事业井盖框和人行道高差不得大于 5mm； 2. 与现浇水泥人行道高差不得大于 3mm	1m 直尺量
接茬	1. 新老接茬齐平，高差不得大于 5mm； 2. 人行道面应高出侧石顶面 5mm	1m 直尺量
凿边及压缝	1. 现浇水泥人行道四周凿边整齐不斜，四周无损伤； 2. 现浇混凝土粗底完成后即做细砂浆，表面平整美观； 3. 纵横划线垂直齐整、缝宽和缝深均匀，压缝整齐	目测

人行道基础维修质量验收标准　　　　　　　　　　　　　　　表 4.13

项目		质量要求或允许偏差	检验频率		检查方法（取最大值）
			范围	点数	
压实度（重型击实）	路床	≥90%	20m	1	环刀法 灌砂法
	基层	≥93%			
平整度		≤10mm			3m 直尺
厚度		±10mm			钢尺
宽度		不小于设计规定			钢尺
横坡		±0.3%			水准仪

缘石养护质量标准　　　　　　　　　　　　　　　　　　　　表 4.14

项目	质量要求或允许偏差	检验频率		检查方法（取最大值）
		范围	点数	
直顺度	≤10mm	20m	1	20m 小线
相邻块高差	≤3mm	20m	3	钢尺
缝宽	±3mm	20m	1	钢尺
高程	±10mm	20m	1	水准仪

道路无障碍设施养护检查应符合下列规定：应检查盲道类型、位置、宽度等；应检查坡道位置、宽度、坡度、接茬平顺等。道路无障碍设施养护质量验收应符合表 4.15 的规定。

盲道养护质量验收标准　　表 4.15

项目	质量要求或允许偏差	检验方法
类型	与原盲道类型一致	目测
位置	1. 设置盲道的城镇道路人行道宽度不宜小于 3500mm； 2. 行进盲道在距围墙、花台、绿化带 250～500mm 处设置； 3. 盲道中无障碍物,检查井盖框高低差不超过 5mm； 4. 行进盲道应与人行道的走向一致； 5. 行进盲道在距树池边缘 250～500mm 处设置；如果无树池,行进盲道与路缘石上沿在同一水平面,距缘石不应小于 500mm,行进盲道比缘石上沿低时,距路缘石不应小于 250mm； 6. 盲道避开非机动车停放的位置	用尺量
宽度	1. 行进盲道的宽度宜为 250～500mm； 2. 行进盲道在起点、终点、转弯处及其他需要处设提示盲道。当盲道的宽度不大于 300mm 时,提示盲道的宽度应大于行进盲道的宽度	用尺量

无障碍坡道养护质量验收应符合表 4.16 的规定。

无障碍坡道养护质量验收标准　　表 4.16

项目	质量要求或允许偏差	检验方法
坡度	1. 全宽式单面坡缘石坡道的坡度不大于 1∶20； 2. 三面坡缘石坡道正面及侧面的坡度不大于 1∶12； 3. 其他形式的缘石坡道的坡度均不大于 1∶12	用尺量
高度	缘石坡道的坡口与车行道之间宜没有高差；有高差时,高出行车道的地面不应大于 10mm	用尺量
宽度	1. 全宽式单面坡缘石坡道的宽度应与人行道宽度相同； 2. 三面坡缘石坡道正面坡道宽度不小于 1200mm； 3. 其他形式的缘石坡道的坡口宽度不小于 1500mm	用尺量

4.4　道路附属设施养护工程

附属设施应包括分隔带及护栏、路名牌、检查井和雨水口等。

设施应经常巡查,设施应处于完好状态,设施的养护应符合下列规定：

（1）分隔带及护栏应保持整齐、清洁、无缺损。当损坏或丢失,应按原设计的式样、颜色及时修补。

（2）路名牌不得安装在路口无障碍坡道上,不得妨碍行人正常通行。

（3）检查井、雨水口出现松动,发现井座、井盖丢失,应立即修复,补装完整。

分隔带及护栏应保持整齐、清洁、无缺损。当损坏或丢失，应按原设计的式样、颜色及时修补，防撞墩类分隔带应保持整齐、醒目、清洁，侧石类分隔带应按侧石养护标准进行检查、维护，分隔带及护栏，宜2个月清洗一次，当油漆脱落面积较大、有锈蚀现象，应重新刷涂油漆，油漆前必须先除锈、涂刷二度防锈漆和二度面漆，宜每年油漆一次。

路名牌应按现行《城市道路路名牌》DB31/T 416的要求设置，路名牌应保持整齐、醒目，每月清洁一次，路名牌出现松动或倾斜等现象时应及时进行修复，对严重损坏的路名牌应及时更换，路面上的检查井、雨水口，应安装牢固并保持与路面平顺相接。

检查井及其周围路面1.5m×1.5m范围内不得出现沉陷或突起。路面上宜安装自调式防沉降检查井，井盖宜采用高强度钢纤维材料和聚合物基复合材料，检查井安装应符合自调式防沉降检查井安装工法。在路面上设置的其他种类的检查井，应符合现行《铸铁检查井》CJ/T 3012的规定。

雨水口的安装高度，应低于该处路面标高20mm，应在雨水口向外不小于1m范围内顺坡找齐。改建或增设的雨水口，其连接管坡度不应小于1%，长度应小于25m，深度宜为0.7m。

道路附属设施养护检查应符合下列规定：
（1）附属设施应包括声屏障、标志牌、隔离护栏、检查井、雨水口等；
（2）声屏障检查内容应包括：偏位、垂直度、墙体断面尺寸、顺直度、水平灰缝平直度、平整度、金属立柱中距、立柱垂直度等；
（3）标志牌检查内容应包括：字体、指向、高度、垂直度、位置等；
（4）隔离护栏检查内容应包括：设置位置、顺直度、高度、固定式垂直度、相邻隔栅错缝高差等；
（5）检查井、雨水口检查内容应包括：井框与井壁吻合、井框与周边路面吻合、雨水口与路边线间距、井内尺寸等。

道路附属设施养护质量验收应符合下列规定：
（1）声屏障养护质量验收应符合现行行业标准《城镇道路工程施工与质量验收规范》CJJ 1的规定；
（2）声屏障养护质量验收应符合表4.17和表4.18的规定。

砌体声屏障养护质量标准 表4.17

项目	允许偏差(mm)	检验频率 范围(m)	检验频率 点数	检验方法
中心偏位	≤10	20	1	用经纬仪和钢尺量
垂直度	≤0.3%H	20	2	用垂线和钢尺量
墙体断面尺寸	符合设计规定			用钢尺量
顺直度	≤10	100	2	用10m线与钢直尺量，不少于5处
水平灰缝平直度	≤7	100	2	用10m线与钢直尺量，不少于5处
平整度	≤7	20	2	用2m直尺和塞尺量

金属声屏障养护质量标准 表4.18

项目	允许偏差(mm)	检验频率范围(m)	检验频率点数	检验方法
基线偏位	≤10	20	1	用经纬仪和钢尺量
金属立柱中距	±10	20	1	用钢尺量
立柱垂直度	≤0.3%H	20	2	用垂线和钢尺量,顺、横向各1点
屏体厚度	±2	20	1	用游标卡尺量
屏体宽度、高度	±10	20	1	用钢尺量
镀锌厚度	≥设计值	20且不少于5处	1	用测厚仪量

标志牌养护质量验收应符合表4.19的规定。

标志牌养护质量验收标准 表4.19

项目	允许偏差(mm)	检验频率范围	检验频率点数	检验方法
高度	20	每块	2	用尺量
垂直度	10	每块	1	用垂线吊量
位置	30	每块	2	用尺量

隔离护栏养护质量验收应符合表4.20的规定。

隔离护栏养护质量验收标准 表4.20

项目	允许偏差(mm)	检验频率范围(m)	检验频率点数	检验方法
护栏顺直度	20	100	1	用20m线量取最大值
护栏高度	+20,-10	100	3	用钢尺量
固定式垂直度	10	100	3	用垂线吊量
相邻隔栅错缝高差	5	100	3	用钢尺量

检查井、雨水口养护质量验收应符合表4.21的规定。

检查井、雨水口养护质量验收标准 表4.21

项目	允许偏差(mm)	检验频率范围	检验频率点数	检验方法
井框与周边路面吻合	±5	每座	1	用直尺靠量
雨水口与路边线间距	≤20	每座	1	用钢尺量

第五章 路面检测技术

城市道路路面检测是对城市道路路面工程的现场调查，以及在施工过程中进行路面质量管理与检查，施工结束后的交竣工验收以及道路使用期的路面技术状况定期评定和养护状况评定。

从20世纪90年代开始国内各省市市政和公路建设管理部门、科研机构、检测机构及大专院校陆续配备了国内外各种路面无损检测设备。设备型号多样，呈现多元化发展，同一检测指标可采用多种检测技术。路面是城市道路技术状况评价的核心内容，也是城市道路快速无损检测技术发展的主战场，路面在市政养护管理工作中占有70%以上的比重，而且路面部分相较于路基、附属设施外，路面的各项技术指标能被快速、准确和自动化地采集。路面检测指标主要涉及路面使用性能指标的快速无损检测，如平整度、车辙、路面破损、构造深度、横向力系数和弯沉的快速无损检测。

5.1 平整度检测

《城镇道路养护技术规范》CJJ 36—2016规定：对道路平整度指标的检测以三米直尺与路面的间隙度平均值 h （mm）、平整度仪测定的标准差 σ （mm）和国际平整度指数 IRI （m/km）为标准。路面平整度宜采用快速检测设备，可结合路面损坏和车辙一并检测，条件不具备的低等级城市道路或人行道，路面平整度可采用三米直尺人工检测。

准备工作主要分为三点，首先是确定测试方式，当测试沥青路面施工过程中的质量时，应以单尺方式测试，且测试位置应选在接缝处；其他情况一般以连续10尺方式测试。其次选择测试位置，除特殊需要者外，应以行车道一侧车轮轮迹（距车道线0.8~1.0m）作为连续测试的位置。对既有道路已形成车辙的路面，应取车辙中间位置为测试位置，最后清扫路面测试位置处的碎石、杂物等。

测试时首先将三米直尺沿道路纵向摆在测试位置的路面上，目测三米直尺底面与路表面之间的间隙情况，确定最大间隙的位置，将具有高度标线的塞尺塞进间隙处，测试其最大间隙的高度；或者用深度尺在最大间隙位置测试直尺上顶面距地面的深度，该深度减去尺高即为测试点的最大间隙的高度。以mm计，准确至0.5mm。

数据处理由《公路路基路面现场测试规程》JTG 3450—2019规定用单尺测试路面的平整度计算，以三米直尺与路面的最大间隙 δ （m）为测试结果；连续测试10尺时，判断每尺最大间隙 δ （m）是否合格，并计算合格率，以及10个最大间隙的平均值（图5.1）。

平整度自动化采集技术分两大类，一类是反应类平整度检测技术，也是早期使用较多的方法，采用的主要设备是颠簸累计仪（图5.2）。该设备的工作原理是：当测试车驶经被测路面时，通过测量车后轴与车厢之间的单向位移累计值（颠簸累计值 BI）来反映路面的平整度状况。由于这类测定系统是对道路平整度的间接度量,其测定结果同车辆的动态反应状况有关,即随车辆机械系统的振动特性和车辆行驶的速度而变化,因而存在三项主要缺点:①再现性差——同一台仪器在不同车辆或不同时间测定的结果不一致;②转换性差——不同部门的测定结果难以进行对比;③不能反映道路的真实纵断面。为了克服上述不足,需要经常通过标定试验建立反应类仪器测量结果同已知参照平整度之间的相关关系。目前国内此类设备基本被断面类平整度检测取代,应用较少。

图5.1 传统三米直尺检测法

图5.2 颠簸累计仪

另一类是断面类平整度检测技术,通过直接测量道路的纵断面形状来对路面平整度进行进一步评价。城市道路和公路一般采用断面类平整度检测技术,因为此类技术检测精度更高,且受车辆载体、车速的影响较小。

根据实现方法的不同,断面类平整度检测技术又分为基于惯性基准断面的检测方法和基于高程传递的检测方法。基于惯性基准断面的检测方法采用一个测距传感器和一个加速度计分别测量设备载体距离地面的距离及车体本身的垂直位移,然后将两者叠加得到道路的纵断面(图5.3)。这种方法是目前多数设备采用的主流方法,其优点是实现比较容易,精度较高,仅需一个测距传感器,成本相对较低。基于高程传递的检测方法采用多个测距传感器沿行驶方向分布在一根横梁上,根据高程传递的原理,对路面同一位置不同传感器通过时测量的不同距离进行高程传递分析计算得到其相对高程值,这种方法的优点是不采用加速度计因而完全不受速度和变速的影响,缺点是在弯道位置测量的纵断面不准确,而且需要采用多个激光测距设备成本较高,数据处理过程相对也比较复杂,目前仅有少量设备采用这种方法。

基于惯性断面的平整度检测技术未来仍然是平整度检测的主流技术,随着计算机数据处理技术的发展,未来的发展趋势是研究精度更高的加速度计误差处理算法,提高该技术在低速和变速情况下的检测能力。在基于纵断面的路况解析技术方面,未来的趋势是不仅采用纵断面评价宏观的舒适性,还将利用高精度的纵断面数据评价局部的道路变形类病害,如错台、桥头跳车、坑槽等。

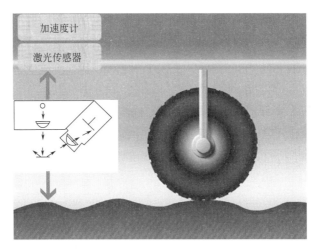

图 5.3 平整度惯性基准断面检测方法

5.2 车辙检测

车辙是车辆在路面上行驶后留下的车轮永久压痕，是沥青路面主要的病害形式，通常由于沥青层及路面下层的塑性形变产生。《公路路基路面现场测试规程》JTG 3450—2019（以下简称《规程》）规定，车辙模型共分 7 种标准模型，在实际测量计算中，7 种模型可以简化为"W"和"U"两大模型，"W"模型又可分为凸、凹两大类。按照《规程》要求，测量道路横断面，基于横断面确定顶面基准线，求出基准线到断面的最大距离则为车辙值。城市道路不同于公路的是，车辙作为路面破损的一种路面损坏类型，影响面积按照长度乘车道轮迹全宽计量。

车辙检测主要是通过道路横断面的测量获得的（图 5.4）。从实现方法上，目前道路横断面的测量方法主要有两类：点激光横断面测量方法、线扫断面测量方法。第一种方法采用安装有若干个单点激光测距传感器的车辙梁进行横断面的检测，其优点是单点的横断面高程精度高，可与平整度及纹理断面集成采集，但由于采用了多激光传感器，设备成本比较高，而且横断面由离散点组成连续性不佳。第二种方法采用线扫激光，一个设备可扫描得到上千个横断面测点，因此测量的横断面较为连续，更接近真实的断面，但其纵向采集的间距一般至少在 10cm。这种方法其实是一种基于图像识别的间接横断面测量方法，其优点是成本低廉，缺点是精度稍低，纵向采样间隔大，且容易受环境影响。

获得横断面曲线后，一般采用模拟直尺法或包络线法计算车辙深度指标作为路面车辙的评价指标。点激光横断面测量方法鉴于其测量精度高目前仍然是车辙检测的主流技术。但车辙检测技术未来的发展趋势是采用纵向采样精度更高的线扫激光装置，获取高精度的近似连续的横断面数据，在车辙评价方面，采用更丰富的指标进行评价，不仅计算车辙深度，还对车辙形状进行分析，如相关扩展计算技术获取的车辙宽度、两壁坡度、车辙体积等指标，其中路面车辙体积可以用于评估车辙影响范围、雨天路面积水量以及车辙维修工作量等，以更全面地评价车辙对行车安全和路面结构的影响。

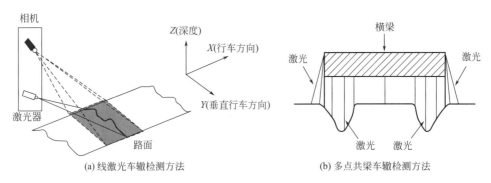

(a) 线激光车辙检测方法　　　　　(b) 多点共梁车辙检测方法

图 5.4　车辙检测设备

采用激光车辙仪测试路面车辙深度时，当太阳光线对测试结果有影响时，应进行调整或回避。

车辙测试数据处理的过程中，断面最大车辙深度通过横断面进行确定，画出每个横断面图是车辙计算的中间过程，大部分情况下，没有必要把每个横断面图全部写进报告中，因此对原《规程》中的报告各测试断面的横断面图，修改为根据需要报告各测试断面的横断面图。

5.3　路面破损检测

目前，路面破损检测主要采用的是机器视觉检测技术，即通过路面图像的自动采集和路面图片的机器识别实现路面破损的自动检测（图 5.5）。机器视觉检测技术采用线阵或面阵相机进行图像采集，并采用主动照明系统提供稳定的光照环境，以获取高清晰度可供机器识别的路面图片。照明技术是获取高清晰路面图片的关键，国内外不同设备商采用的照明技术也各不相同，根据采用的光源不同，可分为复合光源和激光光源两类。

图 5.5　路面破损检测设备

城镇道路沥青路面损坏类型分为裂缝类、变形类、松散类和其他类 4 大类 13 种损坏类型；沥青路面损坏类型分为裂缝类、接缝破坏类、表面破坏类和其他类 4 大类 17 种损坏类型。

路面图片的自动识别技术是路面破损智能检测技术的核心技术，针对不同的图像采集质量，采用的自动识别技术也是不同的。目前的技术对于无污染的高清晰沥青或水泥路面，可识别 1mm 的裂缝，准确率可达 90% 以上。光照不均的图片、有污染的路面、被灰土填塞的裂缝、不规则的接缝或水泥路面拉毛是目前自动识别技术遇到的主要难点（图 5.6）。

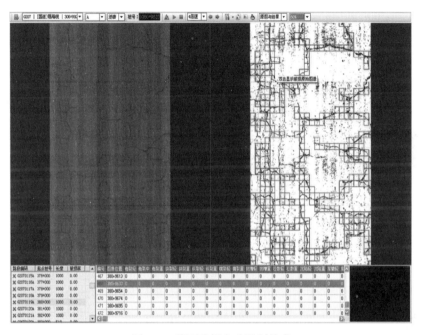

图 5.6　路面破损自动识别技术

除机器视觉检测技术外，目前国内外有研究机构和企业已成功研制出高速三维激光扫描技术进行路面破损的自动检测，这种技术利用高速三维扫描设备获取高精度的路面三维数字模型，进而通过路面病害特征提前获得路面破损数据。相比机器视觉技术，这种技术受光照环境及路面本身污染的影响较小，受激光扫描速度影响，核心技术是如何实现在高速情况下检测细微裂缝的功能，且对数据存储及处理能力要求很高。

5.4　抗滑性能检测

沥青路面抗滑性能检测经常采用的有三项指标：摆值、横向力系数和构造深度。其中，摆值、横向力系数表征路面的抗滑能力，实际反映的是路面的摩阻系数；构造深度表征道路表面的粗糙度。《公路路基路面现场测试规程》JTG 3450—2019 规定 7 种检测方法，手工铺砂法测定路面构造深度试验方法、电动铺砂仪测定路面构造深度试验方法、车载式激光构造深度仪测定路面构造深度试验方法、摆式仪测定路面摩擦系数 BPN 试验方法、单轮式横向力系数测试系统测定路面摩擦系数 SFC 试验方法、双轮式横向力系数测试系统测定路面摩擦系数试验方法和动态旋转式摩擦系数测试仪测定路面摩擦系数试验方法。换言之,根据测试方式可以分为测定摩擦系数等参数的直接法和测定路面微观构造和宏观构造的间接法。

国内通用的抗滑性能测试系统主要有两类:一类是测定横向力摩擦系数,以单轮式横向力系数测试系统和双轮式横向力系数测试系统为代表(图 5.7);另一类是测定路面宏观构造的纹理断面,以铺砂法和车载式激光构造深度仪为代表。

(a) 单轮式横向力系数测试系统

(b) 双轮式横向力系数测试系统

图 5.7 摩擦系数检测设备

横向力系数测试系统由装载车、数据采集处理系统、测试机构总承、供水系统及附属部分组成。各部分协调一致,有机配合达到完成路面抗滑性能数据采集的功能。

路面宏观构造的测量一般采用高精度的(激光)测距传感器测量道路的纹理断面来实现,采用纹理深度指标 SMTD 或 MPD 来评价其抗滑能力的大小(图 5.8)。纹理断面及纹理深度测量的精度主要取决于距离传感器的精度。

(a) 手工铺砂仪

(b) 激光构造深度仪

图 5.8 路面宏观构造检测设备

5.5 沥青路面渗水检测

沥青路面渗水性能是反映路面沥青混合料级配组成的一个间接指标，也是沥青路面水稳定性的一个重要指标。如果整个沥青面层均透水，则水势必进入基层或路基，使路面承载力降低。相反如果沥青面层中有一层不透水，而表层能很快透水，则又不致形成水膜，对抗滑性能有很大好处。所以路面渗水系数已成为评价路面使用性能的一个重要指标。

渗水试验中，一个最大难点是侧渗问题，特别是对于粗型级配沥青混凝土，侧渗较为突出。实际上，渗水试验时，渗水系数包含了竖向下渗和横向下渗，增加外圈密封宽度是希望增加竖向下渗面积，从而减少横向下渗量对渗水系数的影响。

目前对沥青路面渗水情况的检测主要是用路面渗水仪来检测，路面渗水仪是上海荣计达实验仪器有限公司自主研发生产，加工精致，测试精度高。适用于测定沥青混合料路面及碾压成型的沥青混合料试件的渗水系数。以检验路面的渗水性能及沥青混合料的配合比设计。

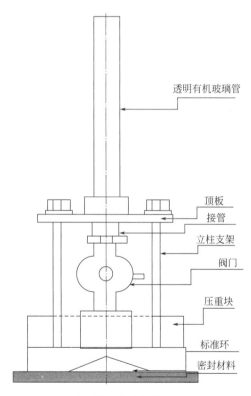

图 5.9 路面渗水仪结构示意图

渗水仪主要由量筒、上盘、接管、底座、支架以及配重块组成，渗水仪结构图如图 5.9 所示，渗水仪检测方法如下：

（1）将放置于坚实平面上的试件或待测试的路面清扫干净。

（2）放上标记环，用粉笔沿内环和外环分别画出标记，取下标记环则试件表面或路面上也就留下了一个内环 φ150mm，外环 φ220mm 的两个同心圆。

（3）将标准环放在同心圆内，并使内环标记与标准环底面相吻合。

（4）检查同心圆是否有构造深度较大的部位，如有必须先用密封剂对这些部位的纹理进行填充，以防止渗水试验时水通过这些表面纹理渗出，从而影响到试验结果。

（5）在内外标记环之间抹一薄层密封材料，并用刮刀修补成内径 150mm、外径为 220mm、厚约 3mm 的密封材料环，修补时应压住面积标准环使之不能移位。

（6）将渗水仪用力压在密封材料上，使渗水仪底座与密封材料环吻合，加上 2 块配重块，以防压力水从底座与路面之间流出。

（7）关闭仪器阀门，向仪器阀注水，注满至上标线 O 的位置。

（8）迅速将开关全部拧开，待水面下降 100mL 时开动墨水，使水变成淡红秒表，每隔 60s，读记量筒上水位刻度一次，至水面下降 500mL 时为止。

（9）按以上步骤在同一个检测路段选择 5 个测点测定渗水系数。取其平均值为检测结果。

检测过程中，应观察渗水的情况，正常情况下应该通过混合料内部空隙或被测试件的反面及四周渗出。如水从底座与密封材料间渗出，应移至干燥路面重新试验。若检测时水面下降至一定程度后基本保持不动，说明试件基本不透水或根本不透水，则在报告中注明。

5.6 几何数据检测

随着道路工程交竣工验收及营运后评价过程中对路面横、纵坡以及曲率半径指标的日益关注，《公路路基路面现场测试规程》JTG 3450—2019 对几何数据测试系统测试几何线形试验方法作了规定。几何线形检测装置是 20 世纪 90 年代后期发展起来的，专门用于测量道路线形和路面横、纵坡。

道路线形的平曲线半径：直线路段，车辆外轮廓满足限界要求是可以通行的，但是在曲线路段，车辆行驶过程中因为外廓尺寸的影响，行驶时外廓的扫过面与道路的曲线半径有很大关系，为了保障车辆的通行，扫过面内不允许有建筑物存在，公路设计中一般都会考虑到标准车辆通行。

路面纵坡：公路最大纵坡依设计速度不同而不同，《公路工程技术标准》JTG B01—2014 中规定的最大纵坡可达 9%。载运车辆的爬坡能力有限，路面纵坡过大、坡长过长都将影响车辆的通过性和安全性，而对于北方的冬季运输，这一点尤为重要。

路面横坡：普通的路面横坡主要是用于排水，超高段一般设在道路转弯处。在超高较大的小半径转弯处，较低时速的情况下可能会造成车辆倾覆，同样影响通过性。

几何线形单元采样的主要检测装置为车载高精度姿态方位组合导航系统，设备主要性能参数如下：

（1）航向精度：0.1°；

（2）姿态精度：0.1°（动态）；

（3）速度精度：0.02m/s；

(4) 采样频率：100Hz。

几何线形单元可同时采集道路的纵坡、横坡、曲率数据，系统通过连续测量车辆载体的横滚角、俯仰角和航向角等姿态，根据转换算法获得路面的纵坡、横坡和平曲线曲率数据。其中，道路的横坡通过横滚角计算得到，纵坡通过俯仰角计算得到，曲率通过航向角计算得到。

由于车辆姿态一定程度上会受驾驶行为和道路颠簸的影响，多功能路况快速检测设备应特有实时数据处理算法，可有效去除车辆的行驶过程中变线、加减速、颠簸等情况造成的检测误差。

几何线形单元主要性能指标如下：

(1) 采样间距：≤10m；
(2) 纵坡检测精度：≤0.5%；
(3) 横坡检测精度：≤0.5%；
(4) 曲率检测精度：≤1m（50m 半径）。

检测装置功能：

几何线形检测，能够利用陀螺仪、加速度计等装置，以车流速度自动检测并存储路面横坡、纵坡及道路平面、纵断面线形数据，通过信息处理获得道路几何数据。

技术要求：

(1) 检测装置。

几何线形检测可采用陀螺仪等不同的检测方法，检测装置应满足以下要求：

1) 几何线形横坡测量绝对误差应不大于 0.5%，纵坡测量绝对误差应不大于 0.5%，50m 平曲线半径和竖曲线半径测量绝对误差应不大于 1m；

2) 检测指标为道路横坡、纵坡、平曲线半径、竖曲线半径，几何线形检测系统检测前，系统应充分预热待系统稳定后方可检测；

3) 检测设备几何线形等速重复性试验、不同速度检测性能试验结果的偏差系数 C_v 应不大于 5%，不同路段面几何线形相关性试验的相关性系数 R 应不小于 0.97。

(2) 采集软件。

几何线形采集软件应满足以下要求：

1) 具有设置检测路线、起点桩号、检测方向、采样间距、保存位置和显示方式等参数的功能，能实施检测过程中的里程桩号校准与核对；

2) 能实时保存承载车各种姿态信息，实时计算道路横坡、纵坡、平曲线半径、竖曲线半径，计算结果以 10m 为单位保存。

第六章 路基检测技术

6.1 含水率检测

路基施工时必须保证路基的压实度，影响路基压实效果的因素有内因和外因。内因是指土质和湿度；外因是指压实功能及压实时的外界自然因素和人为的其他因素等。其中，路基土体的湿度是影响路基施工质量的重要因素之一，也是道路工程师们在路基施工质量控制中最关心的问题之一。路基的含水量对于其压实起着重要的作用，在公路路基施工中，通常控制在最佳含水量时进行压实。含水量测定方法较多，现分述如下。

6.1.1 烘干法

1. 工作原理及要求

烘干法是规范中规定的测定含水量的标准方法。本试验方法适用于黏质土、粉质土、砂类土和有机质土类。采用电热烘箱或温度能保持105～110℃的其他能源烘箱，也可用红外线烘箱，主要是通过土壤升温，使水分蒸发。按《公路土工试验规程》JTG 3430—2020规定进行取样试验，计算土样的含水量。在试验过程中，烘干时间控制很严格，细粒土为8～10h，砂类土为6～8h，对含有机质超过5%的土，应将温度控制在65～70℃的恒温下烘干。

2. 影响因素及优缺点分析

该测试方法是《公路土工试验规程》JTG 3430—2020规定为测定土基含水量的标准方法，其优点是受到的影响因素相对较少，结果比较准确。缺点是烘烤时间太长，少则6～8h，多则8～10h，且受土料类型不均匀的影响，烘干效果不一致，特别是该方法的热量是从土料的表面向内部传递，且由于遇到含有少量有机物的土料时，烘烤温度必须<70℃，致使包含在小团块中附着的部分水分不能完全蒸发，影响试验数据的精确度。对于公路工程施工来说，土的含水率检测不准确有时会影响工程施工进度，对有机质含量超过5%的土，可能由于各施工单位试验水平的不同，有些事先不能判定出来，按一般土进行烘干处理，从而导致一部分有机质损失了，测出的含水量比实际要大。当土的含水量较大时，由于烘箱的功率或烘箱体积大小的原因，导致在规定的时间内没有把土完全烘干，从而测出的含水量比实际含水量要小等。

6.1.2 比重法

比重法是通过测定湿土体积，估计土粒相对密度，从而间接计算土的含水率的方法。

计算公式见式（6-1）：

$$w = \left[\frac{m(G_s-1)}{G_s(m_1-m_2)} - 1\right] \times 100\% \tag{6-1}$$

其中，w 为含水率（%），精确到 0.1%；m 为湿土质量（g）；G_s 为土的相对密度；m_1 为瓶、水、土、玻璃瓶质量（g）；m_2 为瓶、水、玻璃瓶质量（g）。

该方法可以快速测得含水量，适用于快速简易测定。但由于试验时没有考虑温度的影响，所得结果准确度较差。土内气体能否充分排出，直接影响试验结果的精度，故本试验方法仅使用于砂土类，测量范围比较小。

6.1.3 酒精燃烧法

本试验方法适用于快速简易测定细粒土（含有机质土除外）的含水量。在土样中加入纯度为 95% 的酒精，利用酒精在土中燃烧，使土中水分蒸发，将土样烘干。要求酒精的纯度在 95% 及以上，并且一般情况下应烧 3 次，做 3 个平行试验。

实践证明，用酒精燃烧法测量土的含水量准确度与土类有关。当测量砂性土的含水量时，所得结果与烘干法结果基本相符；而测量黏土特别是重亚黏土的含水量时，所得结果与烘干法结果相差很大。据现场测试结果看，酒精法测得的含水量常小于烘干法测定的结果。其主要原因是：酒精难于将黏性土烧干；此外，潮湿的黏性土难于粉碎，也使酒精法的准确度降低。但本法仍不失为快速测定含水量的一种方法，因其测试时间较短，不影响施工进度而在现场测试中应用较多。缺点是必须备用大量 95% 纯度的酒精，精确度不是很高，而且人为误差较大。同时火焰熄灭后，会发现酒精被土料吸附形成的浆团有时不能完全燃烧和挥发。

6.1.4 碳化钙气压法

本试验方法适用于路基土和稳定土含水量的快速简易测定。仪器设备主要有碳化钙气压含水量测定仪，碳化钙作为吸水剂。将一定量的湿土样和碳化钙置于体积一定的密封容器中，吸水剂与土中的水发生化学反应，产生乙炔气体，乙炔气体在密封容器中产生的压强与土中的水分子质量成正比。通过测试气体压强就可换算出相应的含水量。此法要求碳化钙纯度高，容器密封性能好。

此法的优点是简单快速、方便。缺点是需要一种性能稳定的电石粉和测试设备，在我国公路工程的施工控制中，所用的仪器设备还不能达到要求，从而限制了该法在公路工程中的应用。

6.1.5 碳化钙化学反应失重法

该方法利用的化学反应原理与碳化钙气压法相同，但测试原理不同。与碳化钙气压法相比，它用称重方法代替测压方法，避开了温度对气体压力的影响，解决了如何测试黏质土泥团的含水量问题，在测试精度和测试范围等方面有了较大的改进。

试验原理：将湿土与足量的试剂混合，土中的水分与试剂反应生成乙炔气体，直至土中水分全部反应完毕：$CaC_2 + 2H_2O = Ca(OH)_2 + C_2H_2$。根据化学方程式，土样中的水分重量与产生乙炔气体的重量成正比，因此可通过测试产生乙炔气体的重量，求出土样中水分的重量，经过分析，得出土样含水量计算公式（6-2）：
$$w = 100[0.722B(A+B-C)^{-1} - 1]^1 \tag{6-2}$$

其中，w 为含水量（%）；A 为试剂重量（g）；B 为湿土重量（g）；C 为土与试剂混合反应后的重量（g）。

该法受碳化钙纯度的影响比较大。优点是：测试结果受环境因素和人为操作因素影响小，无论在室内还是野外，只要试剂与土样反应彻底，没有土粒粉尘逸出，测试结果即能保证。取样多少、反应时间长短、气体排放快慢、环境温度等均不影响测试结果。缺点是：该试验建立了数据处理模型，研究开发数据自动采集处理装置，需要选用高精度速度快的称量设备，制作专用反应器皿，使土样与试剂能充分接触反应，特别是对于含水量较大的黏质土团。同时在操作过程中，要能使气体排出，而粉尘土粒不逸出。

6.1.6 微波炉法

该法采用高频微波在炉腔内辐射，使土颗粒分子内部产生高温热量，热量从内部向外传递，达到水分全部挥发。

优点：①利用微波炉法测得的含水量与《公路土工试验标准》JTJ 051—93 规定方法测得的含水量一致。②可大大提高土工试验的工效，具有节能、省时、降低试验成本的优点。③微波炉体积小、重量轻，只需普通照明电就可工作，便于携带到勘察现场进行试验，由此可实现在现场完成常规土的物理力学性质指标的测试工作，从而提高土工试验的精度。④此法方便、简捷、易操作，水分蒸发过程不受土料团块影响。

缺点：由于烘干法是《公路土工试验规程》JTG 3430—2020 规定的测定含水量的标准方法，因此需要用烘箱烘干法对不同的土进行微波炉测试方法标定；另外对于有机质含量较多的土质不能用微波炉来进行烘干测试含水率。

6.1.7 电容法

电容法测量土样含水量的原理为：土体是干土、水分和空气三者组成的混合物。将土体作为电容器的介质，水的介电常数远大于干土本身的介电常数（水的介电常数为80，干土的介电常数约为2.7），电容探头的电容量对其中土的含水量很敏感，土含水量的变化，将引起电容介电常数的变化，从而引起电容器电容的变化，因此可以通过测定土样的电容值推算出土样的含水量。

在大多数情况下，若考虑到电容器的损耗、电感效应和传感器本身的电感，就不能将电容传感器视作为一个纯电容。不同的有机质含量和土体含盐量对测试结果有影响。

该方法的优点是简单、快速、方便，可以进行现场测试。缺点是在测量范围受限，如测量含水量达20%以上的土样时误差比较大。其原因主要是：①无法对每一类土进行自标定；②不同土体其电导差异较大；③有机质的含量不同在高含水量时误差较大。

6.1.8 核子密度仪法

密度测量原理是利用 γ 射线和物质相互作用原理，γ 射线与物质原子的外围电子进行碰撞而散射，散射后的 γ 射线方向改变，能量减少，这就是康普顿散射效应。物质密度越大，康普顿散射的概率也越大。通常测量 γ 射线在物质内散射前后的强度变化，就能确定物质的密度。将 v 射线源和 y 探测器均插入被测量的土基中，v 源放出的 v 射线经被测土基散射后，被 y 探测器探测记录，从而测得被测土基的密度。含水量是利用中子和物质散射作用原理，在这种散射作用中，中子被氢核散射的概率最大，即中子在物质中被不断散射而不断减速最终变成热中子的作用主要由物质中的含氢量来决定。而土体中的氢主要存在于水中，因此通过测量中子在土体中散射减速而成为热中子的能量就能确定土体中的含水量。

该测试方法受仪器的影响比较大。优点是可以对路基施工现场进行快速测量，不用取土样回试验室进行测试，可节省大量时间。缺点是土体的成分对具有度有很大的影响，特别是当土体中含有放射性元素时。

通过对以上 8 种路基含水量的测定方法进行分别评述，可以看出各种含水量的测试方法都有各自的优缺点，在工程中应该扬长避短，根据不同的土质和要求采用不同的试验方法。经过分析，微波炉测含水率方法值得推广，因为它相比其他测试技术优点在于：现处于公路建设高速发展时期，工期要求比较紧；公路工程建设的质量检测、工程监理、质量监督等质保体系已经建立起来，施工单位必须在保证工程质量，即取得检测数据的前提下，加快施工进度。采用微波加热法测定试样含水量，可大大提高工作效率，如做路基、基层标准击实试验，用微波炉测定可在 1h 之内得出结果，而用烘干法测定 2d 才能出结果。这表明，微波加热测定含水量是一种快捷、方便、简单、易行，能为指导公路工程施工及时提供数据的测试方法，具有较好的社会效益。

6.2 压实度检测

路基压实度是路基路面施工质量检测的关键指标之一，表征现场压实后的密度状况，压实度越高，密度越大，材料整体性能越好。对于路基、路面半刚性基层及粒料类柔性基层而言，压实度是指工地上实际达到的干密度与室内标准击实试验所得最大干密度的比值；对沥青面层、沥青稳定基层而言，压实度是指现场达到的密度与室内标准密度的比值。因此路基压实度的测定主要包括室内标准密度（最大干密度）确定和现场密度试验。

《公路路基路面现场测试规程》JTG E60—2008 规定了 5 种不同的压实度检测方法和检测设备，见表 6.1。

路基压实度检测方法 表 6.1

序号	检查方法	检测设备	优缺点
1	挖坑灌砂法	灌砂筒、金属标定罐、金属方盘基板	一种破坏性检测方法，适用于各类土。优点是测定值精确；缺点是操作较复杂，须经常测定标准砂的密度和锥体重
2	核子密湿度仪法	核子密湿度仪	一种非破坏性测定方法。能快速测定湿密度和含水量，满足现场快速、无破损的要求，并具有操作方便、显示直观的优点，但应与灌砂法进行对比标定后方可使用
3	环刀法	人工取土器或电动取土器	一种破坏性的检测方法，适用于不含骨料的细粒土。优点是设备简单操作方便，缺点是受土质限制，当环刀打入土中时，产生的应力使土松动，壁厚时产生的应力较大，因此干密度有所降低

续表

序号	检查方法	检测设备	优缺点
4	钻芯测试法	路面取芯钻机	一种破坏性检测方法,准确反映钻心部位压实度;缺点是效率低,会对原有结构造成一定的破坏
5	无核密度仪法	电磁无核密度仪	该仪器能快速、可靠地给出测试结果。既能用于已有的沥青路面,也能用于新铺的沥青面层。但是使用时必须严格标定,通过对比试验检验其测定精度

路基压实度检测的常用检测设备如图 6.1 所示。

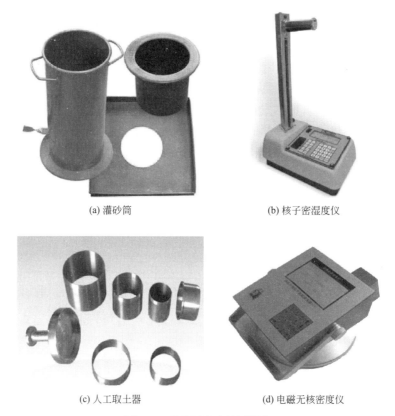

(a) 灌砂筒　　　　　　　　　(b) 核子密湿度仪

(c) 人工取土器　　　　　　　(d) 电磁无核密度仪

图 6.1　路基压实度检测设备

基于上述方法适用性介绍如下:

挖坑灌砂测试压实度方法适用于现场测试基层或底基层、砂石路面及路基结构的压实度,以评价结构层的压实质量,但不适用于填石路堤等有大孔洞或大空隙的结构压实度测试。

核子密湿度仪测试压实度方法适用于用核子密湿度仪测试路基、路面材料的密度和含水率,并计算施工压实度,以评价结构层的压实质量。方法可采用散射和直接透射两种方式进行。其中,散射方式宜用于测试沥青混合料面层的压实密度或硬化混凝土等难以打孔材料的密度;直接透射方式宜用于测试厚度不大于 30cm 的土基、基层材料或非硬化水泥混凝土等可以打孔材料的密度及含水率。核子仪法是国外用于现场控制压实度常见方法，20世纪90年代初引入我国，曾在路基路面材料的密度、含水率的测试方面有所应用，但由于核子仪使用和保存要求很高，近年来国内大部分检测单位已经停止使用。考虑核子仪法是一种准确度较高的压实度测试方法，为了与国际相关领域的技术衔接，本节对其进行了介绍。

环刀测试压实度方法适用于现场测试细粒土及龄期不超过 2d 的无机结合料稳定细粒土结构的密度并计算施工压实度，以评价结构层的压实质量。对于该方法，有研究表明现场检测路基干密度过程中，会造成环刀内部的部分细粒土扰动，导致测试结果不准确，因此有条件的地区或项目应开展环刀法扰动系数的测试研究，即在用击实法确定室内细粒土最大干密度时，将环刀压入筒内试验土体，确定环刀内扰动土体密度与试验土体密度比值，得到扰动系数以修正现场压实结果。

钻芯测试路面压实度方法适用于测试从压实的沥青路面上钻取沥青混合料芯样的密度，并计算施工压实度，以评价结构层的压实质量。芯样直径不宜小于 ϕ100mm。当一次钻孔取得的芯样包含有不同层位的沥青混合料时，应根据结构组合情况用切割机将芯样沿各层结合面锯开分层进行测试。钻孔取样应在路面完全冷却后进行，对普通沥青路面通常在第二天取样，对改性沥青及 SMA 路面宜在第三天以后取样。对于该方法详细介绍可参照早前发布的《公路沥青路面施工技术规范》JTG F40—2004 以获得更详细的内容。

无核密度仪测试压实度方法适用于现场无核密度仪快速测试当日铺筑且未开放交通的沥青路面各层沥青混合料的密度，并计算压实度，其测试结果不宜用于评定验收。国内主流无核密度仪按照工作原理分为：电磁法无核密度仪和时域反算法无核密度仪。目前主要用在路面施工过程控制环节，不能用于交工验收或质量鉴定；对于新铺的沥青混合料路面，该仪器能快速、可靠地给出测试结果，有利于施工单位及时控制压实质量。测材料表面的含水量对本方法测试结果影响较大，测试时，无核密度仪显示的湿度一般应在 0~10 之间，其测试结果才具有一定可靠性。由于钢轮碾压作业过程中需要向轮表面洒水，为减少路表水对测试结果的影响，一般选择干燥的路面部位进行测试。

6.3 地表沉降检测

地表的沉降对道路行车安全有着极大的危害，目前应用于地表沉降监测方法主要有沉降板法、横剖测试法和分层沉降法等，现分述如下。

6.3.1 沉降板法

沉降板在地基处理完成后埋设。沉降板由底板、金属测杆（ϕ40mm 壁厚镀锌铁管）及保护套管（直径不小于 ϕ75mm、壁厚不小于 4mm 的硬 PVC 管）组成。底板尺寸为 50cm×50cm，厚度不小于 1cm。按国家一等精密水准测量标准测量沉降板标高变化。

沉降板的埋设和保护十分关键，每一个埋设环节都要严格控制这些步骤，都直接影响到监测数据的可靠性。埋设时应注意以下几点：

（1）沉降板一般在填方 50~80cm（压实 2~3 层土）时进行埋设；

（2）根据设计方案桩号位置精确放样，其观测点位置主要选择在有代表性的关键路段，一般安设于道路中桩位置（以后为路面的隔离带，便于运营阶段的测量和保护），本工程应用中每个监测断面分别在中桩及两侧路肩位置各安设一个沉降板；

（3）条件允许时最好人工开挖与沉降板底板大小相当的土坑，机械开挖时，坑不宜过大，否则将影响回填质量和观测数据；

（4）坑底清平以后，铺上 5cm 左右厚的砂垫层，将沉降板放在砂垫层上，保证底板平正、稳定，沉降管高于回填土 50~80cm，并加盖保护盖；

（5）回填土时要分层回填，人工夯实；

（6）外露沉降管做明显标示，最好将沉降板用沙袋等做围护，以免沉降管受到破坏，施工单位每次对沉降管周边都人工夯实；

（7）夯实以后待沉降板稳定后采集数据。

沉降板埋设完成以后除按方案进行数据采集以外，还应常进行保护巡视，沉降板法的点位保护就是一个应用中的难题，如果能解决好这一问题，将大大提高监测质量和工作效率，解决这一问题可以从两个方面考虑，一方面是材料的选择，是否可以选择一种不易破坏的材料进行监测；另外一方面就是人为的监测实施，除了外露沉降管还可以采用暗埋沉降管进行监测，还须建立良好的工作机制以保证监测点的完好。

6.3.2 横剖测试法

目前，横剖测试法在路基沉降监测中也有所应用，尤其在小断面测量中应用较多。即运用水压原理测量监测点高程变化，与静力水准测量类似。主要由探头、充液管道、信号电缆、储液箱及测读仪组成。测头外形光滑呈鱼雷形状，内有高精度传感器，传感器的高差发生变化时，引起液压的变化，探头将此变化转为电子信号传给测读仪，得到测量数据。首先，横剖测试法最大的优势是易于保护，不影响路面施工，埋设完成后做好端头保护台，除了消坡时可能需要移动保护台以外，基本就不受施工影响。其次，横剖测试法可连续测读路基沉降量，最小间隔为 0.5m。但横剖测试法的测试质量较难控制，这也是该方法尚未得到普遍应用的主要原因。

6.3.3 分层沉降法

该方法可以了解不同地表深度的变形值，对研究地基变形机理有很大帮助。分层沉降法设备由分层沉降管、分层沉降标、测试仪等组成，其安设是通过钻机成孔后将分层沉降管带着分层沉降标下入孔内，每次测量时将测试仪的探头放入分层沉降管内，根据探头在分层沉降标处的感应信号读取标尺上的读数，即可计算出分层沉降标的高程，从而得出其沉降量。

分层沉降法测试相对较简单，每次测量时用测尺测出分层沉降标至管口的距离，再根据管口与水准基点的联测标高计算出分层沉降标的标高即可。测量中注意管口联点标高即为反算分层沉降标的标高。

6.4 承载力检测

地基土单位面积上随荷载增加所发挥的承载能力常用单位 kPa，是评价地基稳定性的综合性用词。应该指出，地基承载力是针对地基基础设计提出的为方便评价地基强度和稳定的实用性专业术语，不是土的基本性质指标。土的抗剪强度理论是研究和确定地基承载力的理论基础。在荷载作用下，地基要产生变形。随着荷载的增大，地基变形逐渐增大，初始阶段地基土中应力处在弹性平衡状态，具有安全承载能力。当荷载增大到地基中开始出现某点或小区域内各点在其某一方向平面上的剪应力达到土的抗剪强度极限时，该点或小区域内各点发生剪切破坏而处在极限平衡状态，土中应力将发生重分布。这种小范围的剪切破坏区，称为塑性区（Plastic Zone）。地基小范围的极限平衡状态大多可以恢复到弹性平衡状态，地基尚能趋于稳定，仍具有安全的承载能力。但此时地基变形稍大，必须验算变形的计算值不允许超过允许值。当荷载继续增大，地基出现较大范围的塑性区时，将显示地基承载力不足而失去稳定。此时地基达到极限承载力。

1. 平板荷载试验

适用于各类土、软质岩和风化岩体。平板荷载试验是一项使用最早、应用最广泛的原位试验方法，该试验是在一定尺寸的刚性承压板上分级施加荷载，观测各级荷载作用下天然地基土随压力而变形的原位试验，它可用于：根据荷载-沉降关系线（曲线）确定地基的承载力；设计土的变形模量；估算土的不排水抗剪强度及极限填土高度。

2. 螺旋板荷载试验

适用于软土、一般黏土、粉土及砂类土。螺旋板载荷试验（SPLT）是将一螺旋形的承压板用人力或机械旋入地面以下的预定深度，通过传力杆向螺旋形承压板施加压力，测定承压板的下沉量（图 6.2）。

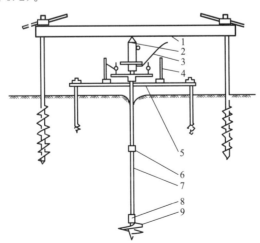

图 6.2 螺旋板载荷试验装置示意图
1—反力装置；2—油压千斤顶；3—传感器导线；4—百分表及磁性座；5—百分表座横梁；
6—传力杆接头；7—传力杆；8—测力传感器；9—螺旋形承压板

6.5 结构强度检测

弯沉是指在规定的标准荷载条件下来表征路基路面整体强度的重要参数,即在规定荷载作用下受力位置产生的总垂直形变量。路面弯沉是我国公路和城市道路路面结构承载能力、路面结构缺陷的重要评价指标,一方面,路面弯沉是路面结构设计基准期内路面结构整体承载能力的设计指标;另一方面,路面弯沉也是路网运行过程中,路面结构剩余整体承载能力、路面结构薄弱环节以及养护方案确定的依据,因此对路面弯沉的数据采集和处理是我国公路与城市道路不可缺少的技术手段。

《公路路基路面现场测试规程》JTG 3450—2019 规定 4 种检测方法:贝克曼梁测定路基路面回弹弯沉试验方法、自动弯沉仪测定路面弯沉试验方法、落锤式弯沉仪测定弯沉试验方法和激光式高速路面弯沉测定仪测试路面弯沉方法。

贝克曼梁式弯沉仪利用标准配重汽车对路面施加荷载,利用百分表观测回弹弯沉,属于固定采样。其测试原理简单、操作方便,已在世界各国广泛使用。但也存在不足之处:①静态弯沉测量速度慢,而动态弯沉在实际荷载作用下可以以正常交通速度测量;②通常仅能测得单点最大弯沉值,难以准确获得反映路面结构强度和受力状况的弯沉盆形状和大小。根据上述特点,贝克曼梁适用于公路或市政道路施工现场质量控制及日常养护评价。考虑到安全性和工作效率,不适合运营公路测量。但国内还是将贝克曼梁作为基准测量工具,其他弯沉设备都要与其挂钩才能得以应用(图6.3)。

图 6.3 贝克曼梁式弯沉仪

自动弯沉仪属于连续采样的静态弯沉装备,其测试原理、后轴标准载荷及当量圆直径均与贝克曼梁测量方法相同(图6.4)。车辆在测试时通常以 3~5km/h 的速度稳定行驶,安装在其内部的工业计算机控制系统根据设定的程序控制光电管、牵引盘和导向机构等自动操作设备的行走和测量过程。同时测量系统通过各种传感器连续测量弯沉峰值、地面温度及距离等信息。与贝克曼梁弯沉仪相比,采样频率及自动化程度都较高的自动弯沉仪,大大降低了操作人员的劳动强度。测量时设备匀速行驶，各测点标准荷载作用的时间相等，消除了时间作用不均匀引起的误差。同时自动弯沉仪采集的数据和贝克曼梁有较好的相关性。但是该设备机械结构及控制系统对检测人员的实际操作要求较高，而且装备购置成本较高，目前国内多数甲级检测单位已拥有该装备。

图 6.4　自动弯沉仪

落锤式弯沉仪 FWD 利用沿荷载轴线布置的多道传感器（位移型或速度型）采集并记录下弯沉峰值和弯沉盆信息，很好地模拟了行车荷载的作用，可快速准确地测量路面弯沉盆，为结构层模量反算提供了依据，实际应用中需与贝克曼梁作比对（图 6.5）。在开放交通情况下进行测量工作，由于需要经常在指定位置停车，以保证人员和设备的安全，所以落锤式弯沉仪正常交通情况下弯沉的测量具有很大的局限性。

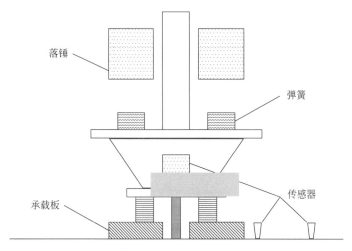

图 6.5　落锤式弯沉仪 FWD 测量原理

高速激光弯沉仪（Traffic Speed Deflectometer，TSD）是目前世界上最先进的弯沉检测设备，具有测速快、精度高等优点，检测结果为弯沉盆。高速激光弯沉仪在进行路面弯沉数据采集时，不影响正常交通，可以在正常速度下大面积采集科研基础数据与数据的分析，一方面可以提供路面弯沉值的测试数据和分析支持，达到快速、高效地测试路面弯沉的目的，极大地提高了工作效率，降低了工作成本；另一方面，可以提供路面结构的基础数据和分析支持，为路面的养护工作和维修工作预留了充足的时间。高速激光弯沉仪采用测量路面弯沉速度来间接得到弯沉值，代替了传统弯沉检测设备直接测量弯沉值的方法。该设备利用激光多普勒传感器在100kN（标准轴重）动态荷载作用下采集路面变形速度，结合弹性地基Euler-Bernoulli梁理论，推导出弯沉盆曲线参数模型（图6.6）。目前，国内已出台相关标准以规范相应设备的性能要求。

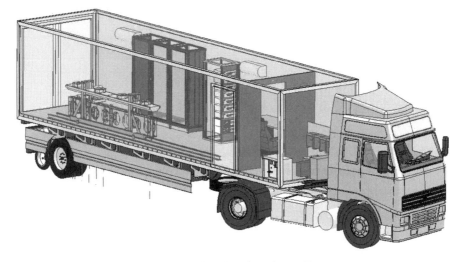

图6.6　高速激光弯沉检测系统

6.6　路面厚度检测

在路面工程中，各个层次的厚度是和道路整体强度密切相关的，只有在保证厚度的情况下，路面的各个层次及整体的强度才能得到保证。除了能保证强度外，严格控制各结构层的厚度，还能对路面的标高起到一定的控制作用，是一个非常重要的指标。所以在《公路工程质量检验评定标准　第一册　土建工程》JTG F80/1—2017中，路面各个层次的厚度的分值较高。

目前检测路面厚度的方法主要有挖坑和钻芯法以及短脉冲雷达检测法。其中，挖坑法适用于基层或砂石路面的厚度检测，钻芯法适用于沥青面层、水泥混凝土路面板和能够取出完整芯样的基层的厚度检测。

《公路路基路面现场检测规程》JTG 3450—2019规定，挖坑或钻芯法首先要确定挖坑检测或钻芯取样的位置，如为既有道路，应避开坑洞等显著缺陷或接缝位置，在选择的试验地点，选一块约400mm×400mm的平坦表面，用毛刷将其清扫干净。

挖坑法检测步骤如下：

(1) 根据材料坚硬程度，选择镐、铲、凿子等适当的工具，开挖这一层材料，直至层位底面，在便于开挖的前提下，开挖面积应尽量缩小，坑洞大体呈圆形，边开挖边将材料铲出，置于搪瓷盘中。

（2）用毛刷清扫坑底，确认已开挖至下一层的顶面。

（3）将直尺平放横跨于坑的两边，用钢直尺在坑的中部位置垂直伸至坑底，测量坑底至直尺下缘的距离，即为检测层的厚度 T_1，以 mm 计，准确至 1mm。

钻芯法检测步骤如下：

（1）按《公路路基路面现场测试规程》JTG 3450—2019 中 T0903 方法的规定用路面取芯机钻孔并取出芯样，钻孔深度应超过检测层的底面。

（2）取出完整芯样，找出与下层的分界面。

（3）用钢直尺或游标卡尺沿芯样圆周对称的十字方向量取表面至分界面的高度，共四处，计算其平均值，即为该层的厚度 T_1，以 mm 计，准确至 1mm。

清理干净坑中的残留物，用棉纱等吸干钻孔时留下的积水，待干燥后采用同类型材料填补压实，之后按如式（6-3）计算实测厚度 T_{1i} 与设计厚度 T_{0i} 之差。

$$\Delta T_i = T_{1i} - T_{0i} \tag{6-3}$$

式中：T_{1i}——路面第 i 层的实测厚度（mm）；

T_{0i}——路面第 i 层的设计厚度（mm）；

ΔT_i——路面第 i 层厚度的偏差（mm）。

短脉冲雷达检测方法不适用于潮湿路面或用富含铁矿渣集料等介电常数较高的材料铺筑的路面，主要是用于检测沥青路面面层厚度。

短脉冲雷达检测系统由承载车、发射天线、接收天线和控制单元等组成，其主要技术要求如下：

（1）距离标定误差不大于 0.1%。

（2）最小分辨层厚不大于 40mm。

（3）系统测量精度要求见表 6.2。

（4）天线：采用空气耦合方式，带宽能适应所选择的发射脉冲频率。

系统测量精度要求　　　　表 6.2

测量深度	测量误差允许范围
$H < 100mm$	±3mm
$H \geq 100mm$	±(3%H)mm

检测前应收集设计图纸、施工配合比等资料，以合理确定标定路段，按要求进行距离标定，将天线安装牢固，用连接线连接主机，并按要求开机预热，将金属板放置在天线正下方，启动控制软件，完成检测系统标定，根据不同的检测目的，设置控制软件的采样间隔、时间窗、增益等参数。

短脉冲雷达检测步骤如下：

（1）开启安全警示灯，将天线正下方对准起点，启动软件检测程序，缓慢加速承载车到正常检测速度。

（2）检测过程中，操作人员应标记检测路段内的桥梁、隧道等构造物的起终点。

（3）检测过程中，承载车每隔一定距离应完全停下，在采集软件上做标记，雷达图像应界面清晰、容易辨识且没有突变，同时在地面上找出雷达天线中心所对应的位置，做好标记；按《公路路基路面现场检测规程》JTG 3450—2019 中 T 0912 方法在标记处钻取芯样并量测芯样高度；将现场钻取的芯样高度与雷达采集软件的结果进行对比，得出芯样的波速；将该标定路段的芯样波速平均值输入检测程序；每个波速标定路段钻芯取样位置应均匀分布，取样间距不宜超过 5km，芯样数量应足以保证波速标定结果的代表性和准确性。

（4）当承载车到达检测终点后，停止采集程序。

（5）操作人员检查数据文件，文件应完整，内容应正常，否则应重新检测。

（6）关闭检测系统电源，结束检测。

检测结束后，由雷达波识别软件自动识别各层分界线，得到雷达波在各层中的双程走时 Δt。根据该双程走时以及电磁波在路面材料中的传播速度，按照式（6-3）计算面层厚度。

$$T = v \times \frac{\Delta t}{2} \tag{6-4}$$

式中：T——面层厚度（mm）；

v——电磁波在路面材料中的传播速度（mm/ns）；

Δt——雷达波在路面面层中的双程走时时间（ns）。

6.7 脱空检测

随着城市发展，由于地下管线老化、破损等原因，导致道路产生空洞塌陷，不仅威胁公众的生命财产安全，而且容易产生恐慌。然而，地下空洞往往无法通过肉眼发现，增加了预防道路塌陷的难度，上述情况即路面脱空，路面脱空检测主要有落锤式弯沉仪法、贝克曼梁弯沉法以及结构连续性检测仪法等。

6.7.1 落锤式弯沉仪法

落锤式弯沉仪通过计算机系统控制下的液压系统启动落锤装置，如图 6.7 所示，使一定质量的落锤从一定高度自由落下，冲击力作用于承载板上并传递到路面，从而对路面施加脉冲荷载，导致路面表面产生瞬时变形，分布于距测点不同距离的传感器检测结构层表面的变形，记录系统将信号传输至计算机，即测定在动态荷载作用下产生的动态弯沉及弯沉盆。测试数据可用于反算路面结构层模量，从而比较科学地评价路面的承载能力。

6.7.2 贝克曼梁弯沉法

贝克曼梁在我国作为路面设计弯沉指标测定的标准方法已使用多年，在我国结构承载力评价中应用最为普遍。自动弯沉仪是利用贝克曼梁测定原理快速连续测定的设备，其原型是法国 LCPC 的洛克鲁瓦型，英国对其进行了改进，我国在研制开发时，考虑到普遍使用半刚性基层，为减少支点弯沉的影响，测臂的长度从 1.7m 加长到 2.4m。自动弯沉仪基本上仍属于静态测定的范畴，但它测定的是总弯沉，与贝克曼梁测定的静态回弹弯沉有所不同，因此在应用中要进行换算，而各地区各种路面结构及路基条件下相关关系不同，

图 6.7 落锤式弯沉仪

应分别研究,因此,自动弯沉仪的使用受到很大限制,应用不太广泛。

贝克曼梁作为广泛应用的弯沉检测设备,仍存在着一些问题:测定的弯沉基本上是静态弯沉,与汽车荷载实际情况有所不同,难以对结构承载力作出准确的评价;测定受测试车与人为因素影响较大,测试精度较低,且测试速度很慢,工作量大,无法满足大面积快速检测与路面管理系统(PMS)数据采集的需要。

6.7.3 结构连续性检测仪法

贝克曼梁法受到路基承载力以及结构不连续的双重影响,不能够正确地反映出病害的情况。还存在人工操作工作量大、效率低、对交通影响大等问题。落后的检测手段制约了预防性养护技术的进一步发展。为了更好地为养护施工提供检测支持,结构连续性检测仪是在多年养护施工的经验基础上,根据声学知识并结合现代科技研发而成,可以有效地检测水泥混凝土路面、白改黑路面和半刚性基层沥青路面结构脱空,如图 6.8 所示。

图 6.8 结构连续性检测仪

结构连续性检测仪由特制的激励轮持续敲击半刚性基层沥青路面或水泥路面表面产生机械振动,然后通过专用声音采集装置对特征频率的声音信号进行拾取,由软件系统对路面结构不连续性特征频带的相关参量进行分析,得出检测路段的不连续性声效特征曲线及基准线,并结合距离信号采集模块数据依据相关算法判断不连续性区域的位置及不连续性程度。

6.8 内部缺陷检测

路基检测中常见病害主要包括路基土疏松密实度不足、土体内部空洞、土体富水。针对地下空洞等路表难以发现的深层缺陷,工程上目前有多种物探检测方法,如电法勘探(包括电测深法、电剖面法、高密度电法等)、地震勘探(包括浅层折射波法、浅层反射波法)、弹性波测试(包括声波法和地震波法)和探地雷达(可选择剖面法、透射法等)。

结合检测的现实需求,探地雷达具有现场实施方便、抗外部环境干扰、作业快速便捷、探测效率高、分辨率高、实施成本低等优势。探地雷达法(Ground Penetrating Radar Method)是利用探地雷达发射天线向目标体发射高频脉冲电磁波,由接收天线接收目标体的反射电磁波,探测目标体空间位置和分布的一种地球物理探测方法。其实际是利用目标体及周围介质的电磁波的反射特性,对目标体内部的构造和缺陷(或其他不均匀体)进行探测。

探地雷达是近年来一种新兴的地下探测与混凝土构筑物无损检测的新技术,它是利用宽频带高频电磁波信号探测介质结构位置和分布的非破坏性的探测仪器,是目前国内外用于测量混凝土内部缺陷最先进、最便捷的仪器之一,天线屏蔽抗干扰性强,探测范围广,分辨率高,具有实时数据处理和信号增强,可进行连续透视扫描,现场实时显示二维黑白或彩色图像。探地雷达工作示意见图 6.9。

图 6.9 车载探地雷达工作示意图

探地雷达通过雷达天线对隐蔽目标体进行全断面扫描的方式获得断面的垂直二维剖面图像,具体工作原理是:当雷达系统利用天线向地下发射宽频带高频电磁波,电磁波信号在介质内部传播时遇到介电差异较大的介质界面时,就会发生反射、透射和折射。两种介质的介电常数差异越大,反射的电磁波能量也越大;反射回的电磁波被与发射天线同步移动的接收天线接收后,由雷达主机精确记录下反射回的电磁波的运动特征,再通过信号技术处理,形成全断面的扫描图,工程技术人员通过对雷达图像的判读,判断出地下目标物的实际结构情况。探地雷达工作原理见图6.10。

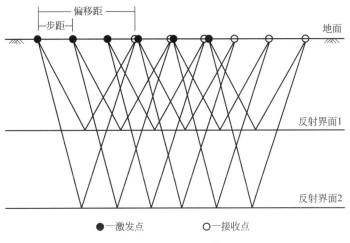

图6.10 探地雷达工作原理

第七章 安全设施检测技术

7.1 立柱垂直度检测

我国城市中的立交部分通常会涉及桥梁立柱垂直度检测问题,同时桥梁中高墩柱的使用越来越普遍,在桥梁的施工过程中,桥梁墩柱的垂直度极易影响到桥梁的受力状态和使用寿命。因此,在桥梁施工过程中,高墩桥梁垂直度是桥梁施工检测的重要内容,也是评价桥梁施工质量的重要指标。

7.1.1 锤球法

锤球法的原理非常简单,通过垂线将较重的锤球悬吊在立柱顶边缘,当锤球尖对准基础墙面上的轴线标志时,线在楼板或柱顶边缘的位置即为楼层轴线端点位置,并画出标志线。各轴线的端点投测完后,用钢尺检核各轴线的间距,把轴线逐层自下向上传递。

吊锤球法简便易行,不受施工场地限制,一般能保证施工质量。但当有风或建筑物较高时,检测误差较大。随着道路工程在复杂地形条件的进一步实施和道路交通标志设施的进一步完善,其安装的地形条件更为复杂,标志牌的安装高度也比以往更高,用锤球法检测立柱垂直度时,悬吊锤球带来了诸多不便。

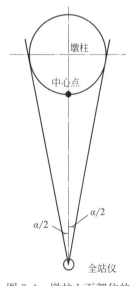

图 7.1 墩柱上下部位的中心点的确定示意图

7.1.2 全站仪法

测量步骤:

(1) 根据路线前进方向确定结构物的纵横方向,以前进方向为纵向,垂直纵向方向为横向。

(2) 分别在纵向和横向结构物测试正面架设全站仪。

(3) 用全站仪对墩柱外表面进行角度测量,计算墩柱上下部位的中心点(图 7.1),具体操作为:①瞄准墩柱上部表面一侧边缘并进行水平、竖直制动,记录此时水平角 HL_1;②保持仪器竖直制动,松开水平制动转动仪器至墩柱另一侧边缘然后水平制动,记录此时水平角 HL_2;③计算中心点水平角,即 $\alpha/2 = (HL_1 - HL_2)/2$;④继续保持仪器竖直制动,松开水平制动转动 $\alpha/2$ 水平角后制动,测量上部表面中心点坐标 (X_1, Y_1, Z_1),同理测量下部表面中心点坐标 (X_2, Y_2, Z_2)。

计算方法:

按式（7-1）计算结构物在测试高度范围内的斜度（倾斜量）：
$$\Delta D = \sqrt{(X_1 - X_2)^2 + (Y_1 - Y_2)^2} \tag{7-1}$$
式中：ΔD——结构物在测试高度范围内的斜度（倾斜量）（mm），结果的正负号按（5）条规定计取。

(4) 按式（7-2）计算结构物在测试高度范围内的竖直度（垂直度）：
$$B = [\Delta D/(Z_1 - Z_2)] \times 100 \tag{7-2}$$
式中：B——结构物在测试高度范围内的竖直度（垂直度）准确至0.01，结果正负号按（5）条规定计取。

(5) 横向竖直度向左幅倾或纵向竖直度向路线前进方向倾用"＋"表示；反之用"－"表示。

7.1.3 经纬仪铅垂法

经纬仪铅垂法：利用经纬仪提供的"铅垂线"，用钢直尺"量取"测试范围内的结构物上部表面到"铅垂线"的水平距离 a_1 和下部表面到"铅垂线"的水平距离 a_2。a_1 和 a_2 值通过仪器望远镜中的"铅垂线"与钢直尺交点读取，准确至1mm。

同时测量测试范围内结构物的高度 H，准确至1mm。为简化测量，可使"铅垂线"与结构物上部表面重合，即 $a_1=0$。

7.2 标志标线光度性能检测

正常使用期间，反光标线的逆反射亮度系数应满足夜间视认要求。一般情况下，白色反光标线的逆反射亮度系数不应低于80mcd·m^{-2}·lx^{-1}，黄色反光标线的逆反射亮度系数不应低于50mcd·m^{-2}·lx^{-1}。新划标线的初始逆反射亮度系数应符合现行国家标准《新划路面标线初始逆反射亮度系数及测试方法》GB/T 21383 的规定，白色反光标线的逆反射亮度系数不应低于150mcd·m^{-2}·lx^{-1}，黄色反光标线的逆反射亮度系数不应低于100mcd·m^{-2}·lx^{-1}。同时，雨夜标线应具备湿状态下的逆反射性能，在雨夜具有良好的视认效果。

检测对新划的Ⅰ型道路交通反光标线逆反射亮度系数要求见表7.1。

道路交通反光标线逆反射亮度系数 表7.1

道路交通反光标线等级	最低逆反射亮度系数要求 mcd·m^{-2}·lx^{-1}	
	Ⅰ型白色道路交通反光标线	Ⅰ型黄色道路交通反光标线
Ⅰ级（普亮级）	$150 \leqslant RL_{干燥} < 250$	$100 \leqslant RL_{干燥} < 125$
Ⅱ级（中亮级）	$250 \leqslant RL_{干燥} < 350$	$125 \leqslant RL_{干燥} < 150$
Ⅲ级（高亮级）	$350 \leqslant RL_{干燥} < 450$	$150 \leqslant RL_{干燥} < 175$
Ⅳ级（超亮级）	$RL_{干燥} \geqslant 450$	$RL_{干燥} \geqslant 175$

注：表中 $RL_{干燥}$ 表示干燥条件下道路交通反光标线逆反射亮度系数

Ⅰ型道路交通反光标线中的黄色标线、突起振动标线和自排水标线宜使用如图 7.2 所示的便携式标线逆反射测量仪,该类测量仪测试逆反射亮度系数无需遮光。

图 7.2　便携式标线逆反射测量仪

Ⅱ型道路交通反光标线应使用如图 7.3~图 7.5 所示的携式标线逆反射测量仪,且测量仪应具备在干燥、潮湿、连续降雨条件均能测量道路交通反光标线逆反射亮度系数的功能。

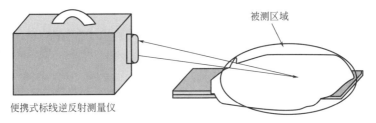

图 7.3　干燥条件下雨夜道路交通反光道路交通标线逆反射亮度系数测量示意

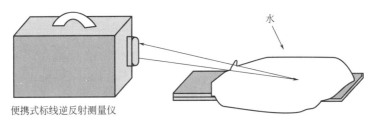

图 7.4　潮湿条件雨夜道路交通反光道路交通标线逆反射亮度系数测量示意

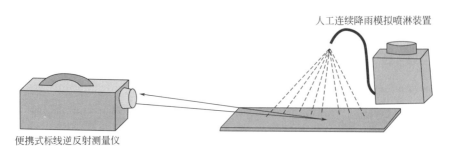

图 7.5　连续降雨条件雨夜道路交通反光道路交通标线逆反射亮度系数测量示意

在对标志标线进行检测之前需要取样，常用的对不同标线的取样方法有不同的标准和要点。

(1) 纵向实线或间段线。

测量范围小于或等于 10km 时，以整个测量范围为一个检测单位，在标线的起点、终点及中间位置，选取 3 个 100m 为核查区域，再从每个核查区域中随机连续选取 10 个测试点；测量范围大于 10km 时，取每 10km 为一个检测单位，分别选取核查区域和测试点。

(2) 图形、字符或人行横道线。

以每 1500m³ 标线面积为一个检测单位，从每个检测单位中选取 3 个有代表性的图形、字符或人行横道线为核查区域，再从每个核查区域中随机选取 5 个测试点。

(3) 新划路面标线初始逆反射亮度系数的取样，应执行现行国家标准《新划路面标线初始逆反射亮度系数及测试方法》GB/T 21383。

(4) 外观质量。

外观质量测量方法为目测标线的外观，有如下要求：1) 标线应具有良好的视认性，颜色均匀、边缘整齐、线型规则、线条流畅。2) 标线涂层厚度应均匀，无明显起泡、皱纹、斑点、开裂、发黏、脱落、泛花等缺陷（表 7.2）。3) 反光标线的面撒玻璃珠应均匀，其性能和粒径分布符合现行国家标准《路面标线用玻璃珠》GB/T 24722 的要求。

各材料标线要求 表 7.2

序号	标线种类	标线厚度范围(干膜)	标线厚度范围(泥膜)
1	溶剂型涂料标线	0.2～0.7	0.3～0.8
2	热熔反光涂料标线	0.7～2.5	—
3	热熔突起(振动)除科标线□	1～2	—
4	水性涂料标线	0.2～1.8	0.3～2.5
5	双组分标线涂料□	0.4～2.5	—
6	预成形标线带标线	0.3～2.5	—

(5) 光度性能。

1) 正常使用期间，标线逆反射亮度系数的测试应在干燥状态下进行。按照《道路交通标线质量要求和检测方法》GB/T 16311—2009 规定的方法，在观测角为 1.05°、入射角为 88.76°的条件下，将测试仪器沿行车方向平放在选取的测试点进行测试，并取其算术平均值为测试结果。

2) 新划标线初始逆反射亮度系数的测试应执行现行国家标准《新划路面标线初始逆反射亮度系数及测试方法》GB/T 21383。

3) 在雨夜或路面标线浸于水中的夜间，用汽车前照灯远光照射雨夜标线，目测其逆反射效果。

4) 抗滑值 BPN 按现行国家标准《道路预成形标线带》GB/T 24717 规定的方法进行测试，抗滑值应不小于 45BPN。

7.3 涂层厚度检测

7.3.1 湿膜厚度检测

在标线施工时，把一块厚度 0.3m 以上、面积为 300mm×500mm 光亮平整的金属片或厚度 2mm 以上，面积为 300mm×500mm 玻璃片放置在路面将要划制标线的始端或终端处，待划线机划过后，立即将湿膜厚度梳规垂直插入涂在金属片或玻璃片上的标线湿膜中，稳定地保持 3s，然后垂直提出，观察涂料覆盖湿膜厚度梳规齿格的位置，读出相应数值。在每片涂层的四角距涂层边缘 20mm 处读出四个数，取其算术平均值，结果应符合表 7.3 的要求。

标线的厚度范围 表 7.3

序号	标线种类	标线厚度范围(mm)	备注
1	溶剂型涂料标线	0.3～0.8	湿膜
2	热熔型涂料标线	0.7～2.5	干膜
3	水性涂料标线	0.3～0.8	湿膜
4	双组分涂料标线	0.4～2.5	干膜
5	预成型标线带标线	0.3～2.5	干膜

7.3.2 干膜厚度检测

标线施工时，先准备好厚度 0.3mm 以上，面积为 300mm×500mm 且光亮平整的金属片，预先测量其厚度，然后将金属片放置在将要划制标线的始端或终端处，待划线机划过后，把已覆盖有标线涂料的金属片取出，过 5～10min 后，用分度值不大于 0.01mm 的游标卡尺测量金属片上四角距涂层边缘 20mm 处四点的厚度，减去已测量的金属片厚度即为涂层厚度，取其算术平均值。

对已成形标线厚度，测量时，按照图 7.6 将标线厚度测量块紧靠在标线侧边，用塞尺测量标线厚度测量块槽口与标线之间的间隙 B，则标线的厚度 $T=(3-B)$ mm。

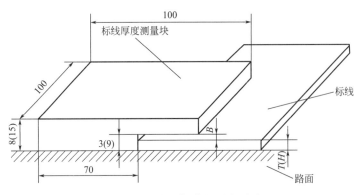

图 7.6　已成形标线的厚度测量

测量突起振动标线的突起高度时,按图 7.6 中括号内的数据使用,其中测量块的厚度为 15mm,测量块的槽口深度为 9mm,标线突起高度 $H=(9-B)$ mm。

7.4 标志合规性检测

交通标志按其作用应分为主标志和辅助标志两大类,其中主标志包括禁令标志、警告标志、指路标志、指示标志、旅游区标志、作业区标志、告示标志;辅助标志应附设在主标志下。标志版面的颜色、含义及图形应符合表 7.4 的规定,并应符合现行国家标准《道路交通标志和标线 第 2 部分:道路交通标志》GB 5768.2 的有关规定。

标志版面颜色、含义及适用范围　　　　　表 7.4

颜色	含义	适用范围
红色	禁止,停止,危险	禁令标志的边框、底色,斜杠,叉形符号和警告性线形诱导标的底色等
黄色(荧光黄色)	警告	警告标志的底色
蓝色	指示,指路	指示标志的底色,干路和支路的指路标志的底色
绿色	快速路指路	城市快速路指路标志底色
棕色	旅游区及景点指引	旅游区指引和旅游项目标志的底色
黑色	警告,禁令等	标志的文字、图形符号和部分标志的边框
白色	警告,禁令等	标志的底色、文字和图形符号以及部分标志的边框
橙色(荧光橙色)	警告,指示	道路作业区的警告,指路标志
荧光黄绿色	警告	注意行人,注意儿童的警告标志

关于交通标志合规性检测是指根据国家规定的交通标志设计标准和规范对交通标志进行检测和评估,确保其符合安全和规范要求的过程。交通标志合规性检测内容包括:标志设计的准确性和清晰度,包括尺寸、形状、颜色、字体和符号的使用是否符合规范。具体展开包括:标志的位置和安装是否符合规定,如标志高度、倾斜度、与路面的垂直距离等;标志的反射性能是否符合规定,保证在夜间、雨雾天气等条件下仍然能够清晰可见;制作材料的质量和耐用性,确保标志能够承受各种气候和环境影响,长时间保持清晰可见;标志与其他标志或交通设施的协调性和一致性,保证交通指示信息的连贯性和统一性。

交通标志合规性检测的目的是保障交通安全和畅通,确保交通标志起到正确指示和警示作用,以便驾驶员和行人能够准确地理解和遵守交通规则和道路标志。具体的交通标志合规性检测工作需要根据标准和规范,按照以下步骤进行:

(1) 调查研究:了解交通标志的规定和细节,包括标志尺寸、形状、颜色和字体要求等;标志位置和摆放要求;标志反射性能和材料要求等;

(2) 现场工作:到交通标志设置场地,对标志进行全面检测,记录标志位置、高度、角度、标志杆的设置、标志反射性能等情况,并进行拍照记录;

(3) 数据处理:对采集到的数据进行统计整理,分析交通标志的合规性,如关注标志是否过期、标志是否损坏褪色等问题;

（4）报告编制：综合分析检测结果，撰写详细的检测报告，描述检测点的交通情况，提出潜在的安全隐患和遵守标准的建议；

（5）后续监测：对于未满足标准的标志，需要及时更换和维护，保障路面安全正常通行。

交通标志合规性检测是一项非常重要的工作，需要专业技术人员进行操作，确保检测质量和合规性。同时，检测结果也需要得到有关交通部门的认可和决策。

第八章 检测安全管理

8.1 城市道路检测的状况分析

为规范城市道路检测安全作业,保障检测作业人员、设备和车辆运行的安全及行车通畅,本着"安全第一、预防为主"的方针,遵循管控有效、安全可靠、便于实施的原则,编制检测安全管理方案。随着城市道路使用时间的增加,道路路面会出现大量的裂缝,其中有纵向裂缝、横向裂缝、网状裂缝等。与此同时,道路路面上还出现了大量的车辙,主要是因为城市路面湿软造成的。路面的承受能力有限,如果车辆超过了路面的最大承载力就会导致路面发生凹陷问题。因此,城市道路管理部门应该加强道路的维修养护工作力度。

道路的正常使用与人们的生活密切地联系在一起,当代城市道路维修与养护受到道路管理部门的重视。为了加强道路的维修与养护工作,应该做到以下几点:

(1) 对道路的路面进行维护处理。道路使用的时间越长,道路出现的问题会越多,尤其是经过长时间的使用道路表面出现裂缝或者凹陷问题,道路管理部门应该根据道路使用的实际情况及时地采取有效的道路维修与养护措施。

(2) 对道路两侧的围栏与石板进行维护与检修。道路两侧的围栏也是道路维护中的一项重要的工作。保证道路两侧围栏的安全性能够有效地减少交通事故的发生。在维修与养护围栏时,还应该保证围栏与石板的完好无缺。

(3) 及时地更新或保养道路的路标与路牌。路标与路牌是道路保养与维护的重点工作。保证路标与路牌的正确性能够较好地指导人们顺利地到达目的地,同时合理地规划路标与路牌也能够保证道路的正常使用。

(4) 维护与检查道路的排水功能与其他的重要功能。遇到大雨等恶劣的气候时,道路排水系统是十分关键的。雨水的排出能够保证路面不积水,也能够降低车辆在雨天出现打滑的概率,降低了事故发生的可能性。

(5) 在保证道路正常运行时,还应该加强人们对道路的安全意识。道路管理部门可以加强道路安全宣传的力度,保证人们充分地认识到维护与养护道路的重要性,明确文明过路的重要性,这样才能够将事故发生率降到最低。

8.1.1 施工作业安全控制区

一般来说,检测作业控制区为检测安全作业所设置的交通管控区域,分为警告区、上游过渡区、缓冲区、工作区、下游过渡区等区域,其布局通常如图 8.1 所示。

(1) 警告区。

警告区位于作业控制区的七点位置,通常车辆能在相关施工标志牌得到相关信息,司

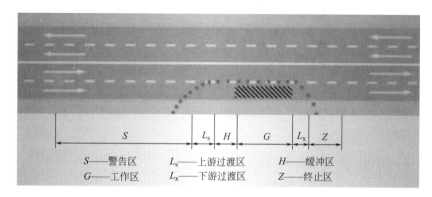

图 8.1 作业控制区图例

机在这一路段通过相关交通标志获得前方的道路信息,一般来说,警告区的长度标准按表 8.1 选取。

警告区长度标准　　　　　　　　　　　　　　　　表 8.1

位置	公路等级	设计速度(km/h)	警告区最小长度(m)
路段	高速公路、一级公路	120,100	1600
		80,60	1000
	二、三级公路	80	1000
		60	800
		40	600
		30	400
各类平面交叉口	—		200

城市道路应更多参照二、三级公路,在设计速度达到 80km/h、60km/h、40km/h 和 30km/h,警告区最小长度应为 1000m、800m、600m 和 400m。各类平面交叉口前经过速度限制警告区最小长度至少 200m。

(2) 上游过渡区(L_s)。

当工作区包含了一条或多条车道时,就需要封闭工作区所包含的车道。为防止车流在改变车道时发生碰撞,需要设置一个过渡区,引导车流缓和、平滑地变道行驶,保证车辆从警告区终点封闭车道平稳地横向过渡到缓冲区起点侧面非封闭车道之间的区域,如图 8.2 所示。

上游过渡区长度设置是否合理,也可以直接在现场观察出来。若车辆在通过过渡区时经常有紧急刹车或在过渡区附近拥挤较为严重,则有可能是前方的交通标志设置不当或上游过渡区长度过短,上游过渡区的长度根据不同路段以及需求要符合下方所述规定。

1) 上游过渡区长度根据作业占用道路宽度和设计车速确定。

2) 上游过渡区长度 L_s 按式 (8-1) 确定。

$$L_s = \begin{cases} \dfrac{V^2 W}{155} & (V \leqslant 60\text{km/h}) \\ 0.625 \times V \cdot W & (V > 60\text{km/h}) \end{cases} \tag{8-1}$$

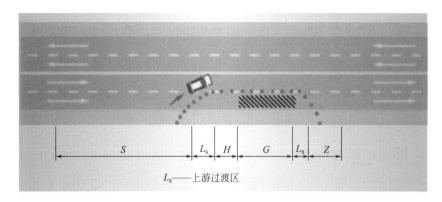

图 8.2 上游过渡区图例

式中：L_s——上游过渡区的长度（m）；
$\quad\quad V$——设计速度（km/h）；
$\quad\quad W$——变化宽度（m）。

式（8-1）计算结果大于表 8.2 所示最小值时，采用计算结果作为实际上游过渡区长度，反之采用表 8.2 所示最小值作为实际上游过渡区长度。

上游过渡区最小值　　　　表 8.2

设计速度 V(km/h)	最小值(m)	设计速度 V(km/h)	最小值(m)
20	20	60	40
30	25	70	70
40	30	80	85
50	35	>80	100

对于设计速度与实际运行速度偏离较大的道路可以用实际运行速度值代替设计速度值确定上游过渡区长度。

(3) 缓冲区。

缓冲区是过渡区到工作区之间的控制区，主要功能为假设行车驾驶员判断失误，有可能直接从过渡区闯入工作区，造成人员伤害和设备的损坏而设置的缓冲区域。缓冲区须提供一个缓冲路段，给失误车辆有调整行车状态的余地，避免发生更为严重的事故。

缓冲区的最小长度以 30m 为宜，且不能在缓冲区内堆放东西，也不准施工作业人员在其中活动或工作。为了更有效地保护施工作业人员，在过渡区与缓冲区之间，可以设置防冲撞装置，以加强防护作用，缓冲区图例如图 8.3 所示。

缓冲区与上游过渡区间设置防撞桶，内装有水袋或黄沙，以两个为一组组合使用，进一步防止车辆对施工人员的伤害。

横向缓冲区和纵向缓冲区是目前对缓冲区分类的界定，当具有足够宽度的情形下，可在通行车道、作业区和纵向缓冲域所夹区域进行横向缓冲的设置。

当工作区位于下坡路段时，纵向缓冲区的最小长度应适当延长。在保障行车道宽度的前提下，工作区和纵向缓冲区与非封闭车道之间宜布设横向缓冲区，其宽度不宜大

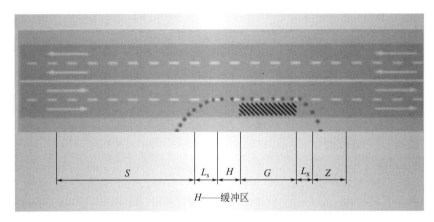

图 8.3 缓冲区图例

于 0.5m。

冲区的长度宜大于表 8.3 的规定。

缓冲区的最小长度　　　　　　　　　　　　　表 8.3

限制速度(km/h)	缓冲区长度(m)
20、30	15
40	40
60	80
80	120

(4) 工作区（G）。

工作区顾名思义即为道路改扩建所进行施工的一片区域，为了保障域内施工的安全，会通过渠化、隔离设施将区内的人员、车辆与过往通行车辆分离，且在该段通行时会对车辆进行限速，同时禁止超车。

相比之下，城市道路的工作区长度应根据施工作业需要确定。为了保证安全，工作区与开放交通的车道之间要有明确的隔离装置。工作区的布置，还要考虑为工程车辆提供安全的进出口。

《公路养护安全作业规程》JTG H30—2015 规定非高速公路和一级公路作业区不可大于 4km，当位于高速或者一级公路上作业区施工导致单方向通行车辆需要借助对向的车道通车时，需要考量中央分隔带开口长度、开口位置以及具体施工任务来对作业区长度进行合理选择，但长度不可大于 6km，而在中央分隔带开口长度过大，甚至超过 3km 时，作业区开口间距就应作为工作区最大长度的选定。

(5) 下游过渡区（L_x）。

下游过渡区是为了将车流再引入正常车道的一个过渡路段。若下游过渡区设置得当，将有利于交通流的平滑。下游过渡区的长度一般只要保证车辆有足够的路程来调整行车状态即可，下游过渡区的长度不宜小于 30m，如图 8.4 所示。

(6) 终止区（Z）。

终止区为通过或绕过施工作业地段的车辆提供一个调整行车状态的路段。在终止区末端应设置解除限速或超车的交通标志，并恢复正常的行车状态，终止区的长度不宜小于30m，如图 8.5 所示。

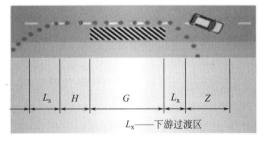

图 8.4　下游过渡区图例

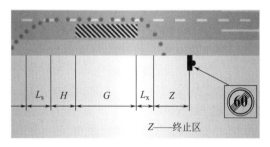

图 8.5　终止区图例

8.1.2　前期保障

全面充分的检测准备工作是安全管理方案的编制基础。检测工作开始前应收集分析相关资料，现场踏勘了解现场的环境、地形地貌及交通情况，了解检测测线布置的条件，了解现场的安全隐患，评估现场作业风险，根据检测目的与任务、工作量、作业范围、作业内容和完成期限、检测作业类型、场地环境及作业风险等因素，依据《中华人民共和国安全生产法》《中华人民共和国道路交通安全法》等有关法律、法规规定，制定相应的安全防护措施。

8.1.3　道路检测作业安全防护措施

（1）通用及定点检测作业安全防护措施。

1）检测作业人员上岗前必须进行安全技术培训，应严格遵守各项安全技术操作规程，及时发现事故隐患，做好安全防患。进入作业现场的人员必须穿具有反光功能的安全标志服，佩戴安全帽，安全标志服和安全帽应是鲜艳的橙红色。

2）检测作业现场应设置明显安全标志，应采取有效的安全防护，保障作业安全及交通安全。

3）检测作业人员不得随意走出安全控制区，不得将作业机具和材料置于安全控制区外。当摆放安全防护设施时，作业人员应处于安全控制区域内。当需穿越行车道时，应确保安全。作业未完成前，不得擅自改变作业安全控制区的范围和安全设施的布设位置。

4）应由专职的安全人员对检测作业安全进行监督，可由经过安全培训的人员疏导现场交通。交通引导人员应面向来车方向，站在可视性良好的非行车区域内。

5）作业控制区安全设施布设顺序应从警告区开始，向下游过渡区推进，确保摆放的安全设施清晰可见；移除顺序应与布设顺序相反，但警告区标志的移除顺序应与布设顺序相同。

6）检测仪器设备应性能稳定、状态良好，并应定期维护和保养。

7）进入检测作业现场的作业车辆，应配置警示标志、灯具，车身应使用统一标志。其规格、颜色、品种、性能应符合现行国家标准《道路交通标志和标线　第2部分：道路交通标志》GB 5768.2 的规定。

8）当遇大雾、大雨、冰雪天气时，应暂停检测作业。

9）检测作业完毕后，应及时清除路上的障碍物，消除安全隐患。

10）快速路及主干路同一方向不同断面的不同车道不应同时进行检测。

11）定点检测作业现场应采用锥形交通标、护栏划分出作业控制区和行驶区。

12）夜间检测时，检测作业区应有足够的照明，并应设频闪警示标志，用于夜间养护作业的安全设施必须具有反光性或发光性。

13）检测作业时应根据作业宽度和现场交通条件，采取局部封闭或全幅路封闭。布设的安全标志和交通标志的种类、规格、颜色以及安置的距离、位置应符合现行国家标准《道路交通标志和标线 第2部分：道路交通标志》GB 5768.2 和《道路交通标志和标线 第4部分：作业区》GB 5768.4 的规定。在作业区与开放交通的车道之间要有明显的隔离装置，夜间应看清楚作业区的轮廓。快速路局部封闭作业时宜设置专用防撞设施，专用防撞设施包括防撞车、隔离墩、防撞桶等。

14）当采取道路全幅封闭时，应在绕行路口的前方设置指路标志，在安全保护区的两端设置路障及警示标志，如"前方施工车辆绕行"等。

(2) 移动检测作业安全防护措施。

1）移动检测作业车辆后方应悬挂移动性施工标志。

2）作业车辆应开启双侧转向指示灯、警示灯和箭式导向灯牌。道路检测车辆拖拉检测设备时，在其后方应有交通疏导车辆跟随以保护设备和人员的安全。

3）作业车辆应限速行驶，不得任意调头、倒车和逆向行驶。

4）随车作业人员应在车辆前方区域内作业；如需停留作业时，应在车辆后方采取安全防护措施。需临时停留而下车作业的人员应在前进方向的内侧下车。行进在中间车道时不得下车。在车辆后方设置锥形交通标志的人员应手持交通警示棒。

(3) 城市道路检测作业应组织制定检测安全作业应急预案。当发生突发事件时，应及时启动应急预案。

8.2 检测作业安全控制区布置

8.2.1 定点检测作业安全控制区布置

检测作业控制区应布置警告、上游过渡区、工作区和下游过渡区，当布设移动式标志车时，可不布置上游过渡区，移动式标志车与工作区净距宜为10~20m。检测作业控制区布置示例见图8.6、图8.7。

双向交替通行路段检测作业，除布设必要的安全设施外，还应配备交通引导人员，也可布设临时交通控制信号设施。检测作业控制区布置示例见图8.8。

8.2.2 移动检测作业安全控制区布置

划定作业区并用安全锥桶隔离设定缓冲区，并设置防撞墩隔离在开始路段设置指示标志或停放移动式标志车并设旗手指挥疏导交通。作业控制区布置示例见图8.9。

人工移动检测作业，宜封闭一定范围的检测作业区域，并按定点检测作业布置安全控制区。

第八章　检测安全管理

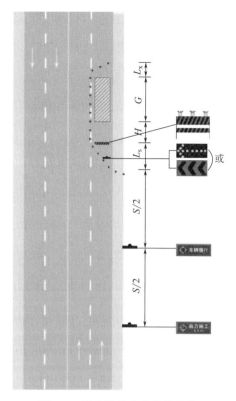

图 8.6　城市道路定点检测作业

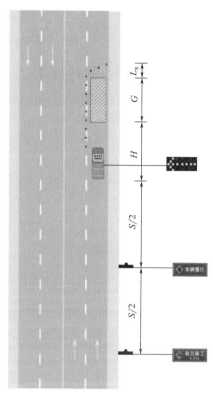

图 8.7　布设移动标志车的定点检测作业

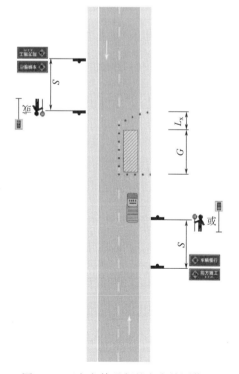

图 8.8　双向交替通行的定点检测作业

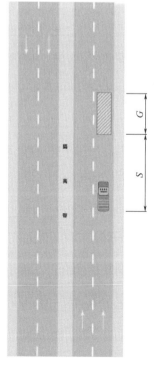

图 8.9　移动检测作业的控制区布置

第九章 道路技术状况评定

9.1 病害分类与成因分析

病害定义按照《城镇道路养护技术规范》CJJ 36—2016 中所规定的要求识别，具体病害类型见表 9.1～表 9.3。

沥青路面破损检测损坏类型及计算方法　　　　　　　　表 9.1

损坏类型	病害类型	损坏形状	计算方法
裂缝类	线裂	单根/条裂缝，包括横缝、纵缝、斜缝等	裂缝长度等于或大于 1m，宽度等于或大于 3mm。按裂缝长(m)×0.2m 计算
	网裂	交错裂缝，把路面分割成近似矩形的块，网块直径小于 3m	按一边平行于道路中心线的外接矩形面积计量
	龟裂	裂缝成片出现，缝间路面已裂成碎块，碎块直径小于 0.5m。包括井边碎裂	开裂成网格状，外围面积小于或等于 $1m^2$ 不计，井框面积不计。按其外边界长(m)×宽(m)计量
变形类	拥包	路面面层材料在车辆推挤作用下形成的路面局部拱起，表现形式包括：波浪和拥包	路面局部隆起，在 1m 范围内隆起不小于 15mm。按长(m)×宽(m)计量
	车辙	在行车作用下沿车轮带形成的相对于两侧的凹槽	以 3m 直尺横向测量。凹槽深度大于 15mm 时，按车辙长度(m)×车道(轮迹)全宽(m)计量
	沉陷	局部路面下沉	在 3m 直尺范围内沉陷深度大于 10mm。按长(m)×宽(m)计量
	翻浆	路面、路基湿软出现弹簧、破裂、冒泥浆等现象	按面积计算，按长(m)×宽(m)计量
松散类	剥落	麻面、脱皮和松散等面层损失类	面层材料散失深度不大于 20mm。外围面积小于 $0.1m^2$ 不计。按散失范围长度(m)×宽度(m)计量
	坑槽	路面材料散失后形成的凹坑	路面材料散失形成坑洞，凹坑深度大于或等于 20mm。按长(m)×宽(m)计量
	啃边	由于行车荷载作用致使路面边缘出现损坏	路面边缘材料剥落破损或形成坑洞，凹凸差大于 5mm。按宽度(m)×长度(m)计量
其他类	路框差	路表与检查井框顶面的相对高差(高或低)	路面与路框差等于或大于 15mm。按井数×$1m^2$ 计量
	唧浆	面层渗水进入基层，基层中细小颗粒从面层空隙喷薄出来	按面积计算，按长(m)×宽(m)计量
	泛油	高温季节沥青被挤出，表面形成薄油层，行车出现轮迹	按面积计算，按长(m)×宽(m)计量

水泥混凝土路面破损检测损坏类型及计算方法 表 9.2

损坏类型	病害类型	损坏形状	计算方法
裂缝类	线裂	路面因不均匀沉陷或胀缩而造成板体断裂。包括纵向裂缝、横向裂缝和斜向裂缝,裂缝将板分成两块	裂缝长度等于或大于1m,宽度等于或大于2mm。按裂缝长(m)×0.2m计算
	板角断裂	垂直贯穿整块板厚,与接缝相交的裂缝。板角到裂缝两端的距离小于或等于板长的一半	按板角到裂缝两端的距离乘积计量
	边角裂缝	与接缝、自由边或线裂平行的新月形裂缝,细小裂缝处呈暗色	按裂缝平行与接缝或自由边的外接矩形面积计量
	交叉裂缝和破碎板	裂缝将板分成三块或三块以上	按其外边界长(m)×宽(m)计量
接缝破坏类	接缝料损坏	填缝料剥落、挤出、老化和缝内无填缝料	散失深度在表面下大于或等于5mm,按长度×1m计
	边角剥落	邻近接缝0.6m内,或板角0.15m内,混凝土开裂或成碎块	按其外边界长(m)×宽(m)计量
表面破坏类	坑洞	面板表面出现直径为25～100mm,深度为12～50mm的坑洞	按外围面积计
	表面纹裂	路面表面有网状浅而细的裂纹	按一边平行于道路中心线的外接矩形面积计量
	层状剥落	路面表面有层状剥落	按一边平行于道路中心线的外接矩形面积计量
其他类	错台	在接缝或裂缝两边出现高差	高差大于或等于15mm。按错台板块的边长(m)×1m计量
	拱胀	横缝或接缝两侧的板体发生明显抬高	按拱起板块的面积计量
	唧浆	荷载作用时板发生弯沉,水和细料在轮载的作用下从接缝或裂缝中挤出	按唧浆板块的边长(m)×1m计量
	路框差	路表与检查井框顶面的相对高差	路面与路框差大于或等于15mm。按井数×1m² 计量
	沉陷	路面局部下沉或连续多块板下沉	在3m直尺范围内沉陷深度大于10mm。按长(m)×宽(m)计量

人行道路面损坏类型及计算方法 表 9.3

损坏类型	损坏形状	计算方法
裂缝	路面上出现的各类裂缝	按裂缝长(m)×0.2m计算
松动	人行道块件出现松动、脱空、下陷或拱起包括沉陷、错台	按松动及变形的块件面积计量
残缺	人行道块件破碎散失	按残缺面积计量

根据病害发生的层位不同,沥青路面病害产生原因分为下列四种类型:

（1）由于路基结构不稳定而引起的整体结构性破坏；

（2）由于基层结构破坏而引起的整体结构性破坏；

（3）由于沥青面层结构破坏而引起的功能性损坏；

（4）由于沥青表面层材料性能衰减而引起的功能性损坏。

沥青路面病害原因诊断结果应与路况专项调查结果相互匹配，病因诊断分析的基本流程可见表9.4。

路面病害原因诊断流程　　　　　　　　　表 9.4

序号	病害原因类型	典型病害类型	病害位置专项调查结果	产生原因分析
1	路基结构不稳定	变形、沉陷；严重纵向裂缝；唧浆等	1. 路表面破坏严重，纵向裂缝较长； 2. 路基土含水量大，土质不均匀； 3. 路基土强度不足	1. 温度应力导致路基拼接缝开裂； 2. 路基土质不良导致不均匀沉陷； 3. 软土地基结构承载能力不足
2	基层结构破坏	龟裂、网裂；横向裂缝；纵向裂缝；严重车辙；唧浆等	1. 病害发展至基层； 2. 基层松散破坏； 3. 路面结构强度不足； 4. 基层材料无侧限抗压强度偏低； 5. 裂缝发展形态为下宽上细	1. 基层结构疲劳破坏； 2. 温度应力导致基层开裂； 3. 水分渗入基层产生水损坏
3	面层结构破坏	龟裂、网裂；横向裂缝；纵向裂缝；车辙；拥包；坑槽等	1. 基层结构完整； 2. 沥青面层整体开裂； 3. 结构层厚度及空隙率变化较大； 4. 面层与基层脱离； 5. 沥青面层劈裂强度偏低； 6. 裂缝发展形态为上宽下细； 7. 渗水系数偏大	1. 沥青面层温度应力裂缝； 2. 沥青面层疲劳裂缝； 3. 沥青面层抗剪强度不足； 4. 层间粘结不良； 5. 沥青面层材料压密或流动变形
4	表面层材料性能衰减	抗滑不良；泛油；剥落；轻微车辙；细微裂缝等	1. 构造深度不足； 2. 石料磨光值不足； 3. 表面层混合料空隙率变小	1. 表面层材料压密变形； 2. 表面层适量磨光； 3. 表面层沥青黏附性下降； 4. 表面层沥青老化变质

9.2　技术状况评定

城镇道路技术状况评定属于城镇道路养护板块中的检测模块，评定结果可用于养护对策分析、养护需求分析和城镇道路科学决策。城镇道路技术状况评定涉及城镇道路路面技术状况检测与调查、评定内容与评价指标、评价等级、城镇道路路面损坏分类、城镇道路技术状况评定模型等内容。

9.2.1 技术状况检测与调查

城镇道路根据技术状况和养护等级进行评价和养护。道路的每两个相邻交叉口之间的路段作为一个单元，交叉口本身作为一个单元；当两个相邻交叉口之间的路段大于500m时，应每200～500m作为一个单元，不足200m的应按一个单元计。

每条道路应选择总单元数的30%及以上进行检测和评价，采用所选单元的使用性能的平均状况代表该条道路路面的使用性能。当一条道路中各单元的使用性能状况差异大于两个技术等级时，需逐个单元进行检测和评价；对总单元数小于5的道路，需全部进行检测和评价。

根据各类道路的重要性将城镇道路分为Ⅰ等、Ⅱ等、Ⅲ等三个养护等级：

Ⅰ等养护的城镇道路：快速路、主干路、广场、商业繁华街道、重要生产区道路、外事活动路线、游览路线；

Ⅱ等养护的城镇道路：除Ⅰ等养护以外的次干路、步行街、支路中的商业街道；

Ⅲ等养护的城镇道路：除Ⅰ、Ⅱ等养护以外的支路。

依据道路在城镇中不同的位置及重要性，把城镇道路分为三个养护等级，在技术上可行，经济上合理。分级养护体现了保证重点、养好一般、预防为主、防治结合的养护方针。城镇道路检测分为日常巡查、定期检测和特殊检测。不同的道路养护等级有不同的检测频率及内容，见表9.5。

快速路和主干路进行抗滑性能检测主要因为车速较快，道路的抗滑性能对车辆的行驶安全有较大的影响，所以规定了检测要求；次干路和支路如有需要也应进行检测，抗滑性能检测属于常规检测。

路面病害原因诊断流程　　　　　　表9.5

检测与调查内容		城市道路养护等级		
		Ⅰ等养护	Ⅱ等养护	Ⅲ等养护
日常巡查		1日1次	2日1次	3日1次
定期检测 （技术状况评定）	路面损坏	1年1次	1年1次	1年1次
	平整度	1年1次	1年1次	1年1次
	抗滑性能	1年1次	1年1次	1年1次
	结构强度	2年～3年1次	3年～4年1次	3年～4年1次
特殊检测		1. 道路进行改扩建前； 2. 道路发生不明原因的沉陷、开裂或冒水； 3. 在道路下进行管涵顶进、降水作业或隧道开挖等工程施工完成后； 4. 存在影响道路使用功能和结构安全的施工； 5. 道路路面及附属设施超过使用年限		

9.2.2 评价内容与指标

城镇道路的技术评价包含了道路路面技术状况评价和人行道铺装技术状况评价。对于城镇道路的技术状况评价评定应符合如下标准：

（1）沥青路面技术状况评价评定内容应包括路面损坏情况、路面行驶质量、路面结构强度、路面抗滑能力和综合评价,各评价内容相应的评价指标为路面状况指数(PCI)、路面行驶质量指数(RQI)、路面回弹弯沉值、抗滑系数(BPN、TD或SFC)和路面综合评价指数(PQI),见图9.1。

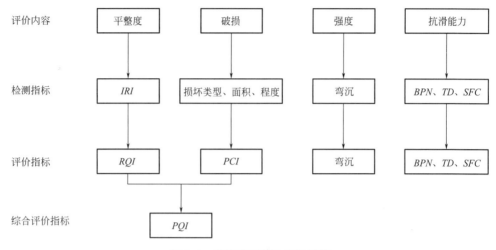

图9.1 沥青路面评价指标详情

(2)水泥路面技术状况评价评定内容应包括路面损坏情况、路面行驶质量和综合评价,相应的评价指标为路面状况指数(PCI)、路面行驶质量指数(RQI)和路面综合评价指数(PQI),见图9.2。

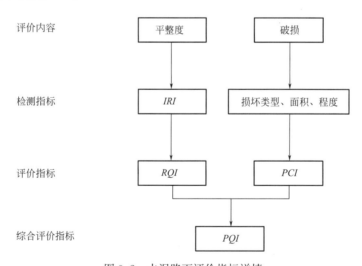

图9.2 水泥路面评价指标详情

(3)人行道铺装技术状况评价内容应包括平整度评价和损坏状况评价,相应的评价指标为人行道平整度和人行道状况指数(FCI),见图9.3。

9.2.3 计算方法

(1)公路技术状况(MQI)评定。

公路技术状况应采用公路技术状况指数 MQI 评定。MQI 应按式(9-1)计算:

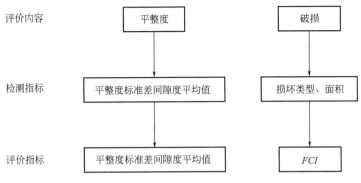

图 9.3 人行道评价指标详情

$$MQI = W_{SCI}SCI + W_{PQI}PQI + W_{BCI}BCI + W_{TCI}TCI \qquad (9\text{-}1)$$

式中：W_{SCI}——SCI 在 MQI 中的权重，取值为 0.08；

W_{PQI}——PQI 在 MQI 中的权重，取值为 0.70；

W_{BCI}——BCI 在 MQI 中的权重，取值为 0.12；

W_{TCI}——TCI 在 MQI 中的权重，取值为 0.10。

对长度小于或大于 1000m 的非整千米评定单元，除 PQI 外，SCI、BCI 和 TCI 三项指标的实际扣分应换算成基本评定单元的扣分[实际扣分×基本评定单元长度（1000m）/实际评定单元长度]。桥隧构造物评价结果（BCI）计入桥隧构造物所属评定单元。

存在 5 类桥梁、5 类隧道、危险涵洞及影响交通安全的重度边坡坍塌的评定单元，MQI 值应取 0；路线公路技术状况评定时，应采用路线内所有评定单元 MQI 的算术平均值作为该路线的 MQI；公路网公路技术状况评定时，应采用公路网内所有路线 MQI 的长度加权平均值作为该公路网的 MQI；MQI 及各级分项指标评价结果应保留两位小数。

（2）路基技术状况（SCI）评定。

路基技术状况应采用路基技术状况指数（SCI）评定，SCI 应按式（9-2）计算：

$$SCI = \sum_{i=1}^{i_0} W_i (100 - GD_{iSCI}) \qquad (9\text{-}2)$$

式中：GD_{iSCI}——第 i 类路基损坏的累计扣分，最高扣分为 100；

W_i——第 i 类路基损坏的权重；

i——路基损坏类型；

i_0——路基损坏类型总数，取 7。

（3）路面行驶质量指数（RQI）应按式（9-3）计算：

$$RQI = \frac{100}{1 + a_0 e^{a_1 IRI}} \qquad (9\text{-}3)$$

式中：IRI——国际平整度指数（m/km）；

a_0——高速公路和一级公路采用 0.026，其他等级公路采用 0.0185；

a_1——高速公路和一级公路采用 0.65，其他等级公路采用 0.58。

（4）路面车辙深度指数（RDI）应按式（9-4）计算：

$$RDI = \begin{cases} 100 - a_0 RD & (RD \leqslant RD_a) \\ 90 - a_1(RD - RD_a) & (RD_a < RD \leqslant RD_b) \\ 0 & (RD > RD_b) \end{cases} \quad (9\text{-}4)$$

式中：RD——车辙深度（mm）；

RD_a——车辙深度参数，采用 10.0；

RD_b——车辙深度参数，采用 40.0；

a_0——模型参数，采用 1.0；

a_1——模型参数，采用 3.0。

（5）路面跳车指数（PBI）应按式（9-5）计算：

$$PBI = 100 - \sum_{i=1}^{i_0} a_i PB_i \quad (9\text{-}5)$$

式中：PB_i——第 i 类程度的路面跳车数；

a_i——第 i 类程度的路面跳车单位扣分；

i——路面跳车程度；

i_0——路面跳车程度总数，取 3。

（6）路面磨耗指数（PWI）应按式（9-6）、式（9-7）计算：

$$PWI = 100 - a_0 WR^{a_1} \quad (9\text{-}6)$$

$$WR = 100 \times \frac{MPD_C - \min\{MPD_L, MPD_R\}}{MPD_C} \quad (9\text{-}7)$$

式中：WR——路面磨耗率（%）；

a_0——模型参数，采用 1.696；

a_1——模型参数，采用 0.785；

MPD——路面构造深度（mm）；

MPD_C——路面构造深度基准值，采用无磨损的车道中线路面构造深度（mm）；

MPD_L——左轮迹带的路面构造深度（mm）；

MPD_R——右轮迹带的路面构造深度（mm）。

（7）路面抗滑性能指数（SRI）应按式（9-8）计算：

$$SRI = \frac{100 - SRI_{\min}}{1 + a_0 e^{a_1 SFC}} + SRI_{\min} \quad (9\text{-}8)$$

式中：SFC——横向力系数；

$SRI_{\min}$——标定参数，采用 35.0；

a_0——模型参数，采用 28.6；

a_1——模型参数，采用 -0.105。

（8）路面结构强度指数（PSSI）应按式（9-9）、式（9-10）计算：

$$PSSI = \frac{100}{1 + a_0 e^{a_1 SSR}} \quad (9\text{-}9)$$

$$SSR = \frac{l_R}{l_0} \quad (9\text{-}10)$$

式中：SSR——路面结构强度系数（Pavement Structure Strength Ratio），为路面容许弯

沉与路面实测代表弯沉之比；

l_R——路面容许弯沉（mm），路面容许弯沉计算方法见本书附录C；

L_0——路面实测代表弯沉（mm）；

a_0——模型参数，采用15.71；

a_1——模型参数，采用-5.19。

9.2.4 评价等级

路面综合状况评价标准应根据路面综合评价指数（PQI），将城镇路面综合状况分为A、B、C和D四个等级，相应的评价标准应符合表9.6。

综合评价指数 PQI　　表9.6

评价指标	综合评价指数		
	快速路	主干路次干路	支路
A	$90 \leqslant PQI \leqslant 100$	$85 \leqslant PQI \leqslant 100$	$80 \leqslant PQI \leqslant 100$
B	$75 \leqslant PQI < 90$	$70 \leqslant PQI < 85$	$65 \leqslant PQI < 80$
C	$65 \leqslant PQI < 75$	$60 \leqslant PQI < 70$	$60 \leqslant PQI < 65$
D	$0 \leqslant PQI < 65$	$0 \leqslant PQI < 60$	$0 \leqslant PQI < 60$

路面损坏状况评价标准应根据路面状况指数（PCI），将城镇道路路面损坏状况分为A、B、C和D四个等级，相应的评价标准应符合表9.7。

PCI 评价指标　　表9.7

评价指标	破损状况		
	快速路	主干路次干路	支路
A	$90 \leqslant PCI \leqslant 100$	$85 \leqslant PCI \leqslant 100$	$80 \leqslant PCI \leqslant 100$
B	$75 \leqslant PCI < 90$	$70 \leqslant PCI < 85$	$65 \leqslant PCI < 80$
C	$65 \leqslant PCI < 75$	$60 \leqslant PCI < 70$	$60 \leqslant PCI < 65$
D	$0 \leqslant PCI < 65$	$0 \leqslant PCI < 60$	$0 \leqslant PQI < 60$

沥青路面和水泥路面行驶质量评价应根据路面行驶质量指数（RQI）或国际平整度指数（IRI），在RQI和IRI数据收集有困难的情况下可以采用平整度标准差（σ），将城镇道路路面行驶质量分为A、B、C和D四个等级，相应的评价标准应符合表9.8。

城镇道路评价标准　　表9.8

评价指标	路面行驶质量		
	快速路	主干路次干路	支路
A	$4.1 \leqslant RQI \leqslant 4.98$ $0 \leqslant IRI \leqslant 2.6$ $0 \leqslant \sigma \leqslant 3.2$	$3.6 \leqslant RQI \leqslant 4.98$ $0 \leqslant IRI \leqslant 4.1$ $0 \leqslant \sigma \leqslant 4.2$	$3.4 \leqslant RQI \leqslant 4.98$ $0 \leqslant IRI \leqslant 4.6$ $0 \leqslant \sigma \leqslant 4.7$
B	$3.6 \leqslant RQI \leqslant 4.1$ $2.6 \leqslant IRI \leqslant 4.1$ $3.2 \leqslant \sigma \leqslant 4.5$	$3 \leqslant RQI \leqslant 3.6$ $4.1 \leqslant IRI \leqslant 5.7$ $4.2 \leqslant \sigma \leqslant 5.2$	$2.8 \leqslant RQI \leqslant 3.4$ $4.6 \leqslant IRI \leqslant 6.6$ $4.7 \leqslant \sigma \leqslant 5.5$

续表

评价指标	路面行驶质量		
	快速路	主干路次干路	支路
C	$2.5 \leqslant RQI \leqslant 3.6$ $4.1 \leqslant IRI \leqslant 7.3$ $4.5 \leqslant \sigma \leqslant 5.8$	$2.4 \leqslant RQI \leqslant 3$ $5.7 \leqslant IRI \leqslant 7.8$ $5.2 \leqslant \sigma \leqslant 6.2$	$2.2 \leqslant RQI \leqslant 2.8$ $6.6 \leqslant IRI \leqslant 8.3$ $5.5 \leqslant \sigma \leqslant 6.7$
D	$0 \leqslant RQI \leqslant 2.5$ $7.3 \leqslant IRI \leqslant 20$ $5.8 \leqslant \sigma \leqslant 10$	$0 \leqslant RQI \leqslant 2.4$ $7.8 \leqslant IRI \leqslant 20$ $6.2 \leqslant \sigma \leqslant 10$	$0 \leqslant RQI \leqslant 2.2$ $8.3 \leqslant IRI \leqslant 20$ $6.7 \leqslant \sigma \leqslant 10$

沥青路面抗滑能力评价应根据摆值（BPN）、构造深度（TD），或横向力系数（SFC）将城镇道路沥青路面的抗滑能力分为 A、B、C 和 D 四个等级，相应的评价标准应符合表 9.9。

沥青路面抗滑能力评价指标　　　　　　　　　　　表 9.9

评价指标	抗滑能力	
	快速路	主干路次干路
A	$42 \leqslant BPN$ $0.45 \leqslant TD$ $42 \leqslant SFC$	$40 \leqslant BPN$ $0.45 \leqslant TD$ $40 \leqslant SFC$
B	$37 \leqslant BPN < 42$ $0.42 \leqslant TD < 0.45$ $37 \leqslant SFC < 42$	$35 \leqslant BPN < 40$ $0.42 \leqslant TD < 0.45$ $35 \leqslant SFC < 40$
C	$34 \leqslant BPN < 37$ $0.4 \leqslant TD < 0.42$ $34 \leqslant SFC < 37$	$32 \leqslant BPN < 35$ $0.4 \leqslant TD < 0.42$ $32 \leqslant SFC < 35$
D	$BPN < 34$ $TD < 0.4$ $SFC < 34$	$BPN < 32$ $TD < 0.4$ $SFC < 32$

沥青路面结构强度评价应根据沥青路面路表回弹弯沉值（以轴重 100kN 车为标准），将不同基层类型和交通量等级的沥青路面结构强度分为足够、临界和不足三个等级。相应的评价标准应符合表 9.10。

沥青路面结构强度评价指标　　　　　　　　　　　表 9.10

	基层评价	碎砾石基层			半刚性基层		
交通量 AADT		足够	临界	不足	足够	临界	不足
很轻	<2000	<98	98~126	>126	<77	77~98	>98
轻	2000~5000	<70	77~98	>98	<56	56~77	>77
中	5000~10000	<60	60~81	>81	<42	42~59	>59
重	10000~20000	<46	46~67	>67	<31	31~46	>46
很重	>20000	<35	35~36	>56	<21	21~35	>35

人行道损坏状况评价指标应根据人行道状况指数（FCI）将人行道损坏状况分为 A、B、C 和 D 四个等级，相应的评价标准应符合表 9.11。

人行道损坏状况评价指标　　　　　　　　　　　　　　　　表 9.11

评价指标	A	B	C	D
FCI	80～100	65～80	50～65	0～60

人行道平整度的测定可采用在选取的单元中的人行道采用 3m 直尺检测，测定间隙度平均值，以间隙度平均值来确定人行道的评价指标。在单元中以 10m 为长度单位，每单位采用 3m 直尺测量，记录直尺与人行道面的最大间隙的数值。以单元中所有长度单位测定的最大间隙数值的平均值作为该单元的评定值。

人行道平整度评价应根据平整度标准差（σ）或间隙度平均值，将人行道质量分为 A、B、C 和 D 四个等级。相应的评价标准应符合表 9.12。

人行道平整度评价　　　　　　　　　　　　　　　　表 9.12

评价指标	A	B	C	D
平整度标准差 σ(mm)	0～6	6～7	7～8	8～10
间隙度平均值	0～5	5～6	6～7	7～10

9.3　养护对策

养护对策应根据道路养护等级、交通量、结构与材料的使用性能变化、检测结果等因素综合确定。具体指在对道路养护需求进行分析和评估的基础上，考虑资金、技术、政策等多种因素，对道路养护进行决策选择，确定养护方案的过程。养护决策的目的是确定具体的养护方案，以保证道路的正常使用，减少交通事故的发生。具体来说，道路养护决策过程一般包括：养护需求的确认（通过调查、检测和评估等手段，确认道路养护的需求和养护等级，确定养护的时间和程度）；养护方案的制定（根据道路养护需求和养护等级，制定出养护方案，包括养护的类型、标准、方法、单位工程、工期和费用等）；养护方案的比选（养护方案可能有多种选择，需要对各种方案进行综合评价，考虑各种因素，包括费用、工期、养护效果等，选择出最优方案）；养护方案的批准（选择出最优方案后，需要根据管理程序进行审批批准，确定养护的最终方案）；养护方案的实施（方案批准后，需要按照方案制定的养护标准、方法、工期和费用要求进行实施）；养护效果的监控（养护决策后，也需要进行后续监控和验收，确保养护效果达到预期的目标）。道路养护决策需要对养护需求进行全面综合的分析和评估，选择出最优养护方案，实施养护，并进行后续评价和监控，确保道路养护达到预期效果。此外，考虑到全国各地的气候、经济水平、使用条件、设施状况等因素各不相同，因此，在确定养护对策时根据实际情况选择适宜的养护措施（表 9.13）。

沥青路面养护对策　　　　　　　　　　　　　　　　表 9.13

评价指标	PCI	RQI	结构强度	BPN、TD、SFC
等级	A、B	A、B	足够	A、B
养护对策	预防性养护或保养小修			
评价指标	PCI	RQI	结构强度	BPN、TD、SFC
等级	B、C	B、C	足够、临界	B、C
养护对策	保养小修或中修			
评价指标	PCI	RQI	结构强度	BPN、TD、SFC
等级	C	C	临界、不足	C、D
养护对策	中修或局部大修			
评价指标	PCI	RQI	结构强度	BPN、TD、SFC
等级	D	D	不足	D
养护对策	大修或改善工程			

沥青路面养护对策中，采取何种对策应先确定道路结构强度，其次考虑完好状况（PCI）和舒适度（RQI），最后考虑抗滑能力（BPN、TD、SFC），抗滑能力主要针对快速路、主干路。

若结构强度不足，在路面上一定会有各种病害反映，其所对应的其他指标相对不高。

在道路结构强度足够的条件下，PCI 达到 A、B 级，或 RQI 达到 A、B 级，或 BPN、TD、SFC 达到 A、B 级，进行预防性养护或保养小修。在道路结构强度足够或临界的条件下，PCI 达到 B、C 级，或 RQI 达到 B、C 级，或 BPN、TD、SFC 达到 B、C 级，进行保养小修或中修。在道路结构强度为临界或不足的条件下，说明道路承载能力不足，而此时 PCI 达到 C 级，或 RQI 达到 C 级，或 BPN、TD、SFC 达到 C、D 级，进行中修或局部大修。在道路结构强度为不足的条件下，说明道路承载能力不足，或 PCI 达到 D 级，或 RQI 达到 D 级，或 BPN、TD、SFC 达到 D 级，进行大修或改善工程。完好状况（PCI）和舒适度（RQI），按其中最差的一个指标值评价等级确定养护对策。抗滑能力（BPN、TD、SFC），主要针对快速路、主干路。若其他指标较好，仅抗滑能力不足的话，进行中修或局部大修。在道路结构强度足够或临界的条件下，若 PCI 达到 D 级，或 RQI 达到 D 级，进行大修或改扩建工程（表 9.14、表 9.15）。

水泥路面养护对策　　　　　　　　　　　　　　　　表 9.14

PCI 评价等级	A	B	C	D
RQI 评价等级	A	B	C	D
养护对策	保养小修	保养小修或中修	中修或局部大修	大修或改善工程

人行道养护对策　　　　　　　　　　　　　　　　表 9.15

FCI 评价等级	A	B	C	D
人行道平整度评价等级	A	B	C	D
养护对策	保养小修	保养小修或中修	中修或局部大修	大修或改善工程

水泥路面和人行道养护对策中满足 PCI 或 RQI，FCI 或人行道平整度其中一个即可，按最不利控制。即 PCI 为 D 级时，及时 RQI 评价为 A 级也应该进行大修或改扩建工程。

9.4 养护状况评定

城镇道路养护状况是指城镇道路设施在使用过程中，在一定的养护与管理工作下所保持的质量状况和服务水平，并以城镇道路设施完好程度反映。城镇道路养护状况的评定是对城镇道路客观现状的全面说明，也是对城镇道路养护管理工作现况的全面考核。城镇道路养护状况分析涉及城镇道路养护状况评定指标与评价模型、城镇道路养护状况评价等级、城镇道路路面损坏分类等内容。

9.4.1 城镇道路养护状况评定指标与评价模型

根据《城镇道路养护技术规范》CJJ 36—2016 所涉及的城镇道路组成内容，将城镇道路设施划分为车行道、人行道、路基与排水及其他设施四类如图 9.4 所示，养护状况等级的评定为各部分设施等级评定方式。考虑到在城镇道路使用过程中，车行道是影响养护质量的主要部分，人行道、路基与排水均次之，其他设施所占比例较低，其技术状况对路用性能的影响相对最小，所以对城镇道路总体综合完好率的确定分别以 0.35、0.25、0.25 和 0.15 作为权重系数。

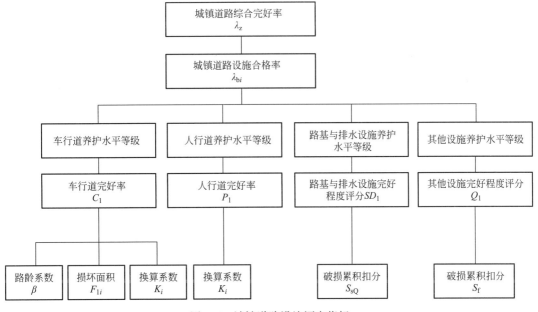

图 9.4 城镇道路设施评定指标

城镇道路综合完好率（λ_z）应按式（9-11）计算：

$$\lambda_z = \sum_{i=1}^{4} \lambda_{bi} \cdot \mu_i \tag{9-11}$$

式中：λ_z——城镇道路综合完好率（%）；
μ_i——各类设施综合比例系数，i 取值为 1～4（表9.16）。

各类设施综合比例系数　　　　　表 9.16

设施种类	综合比例系数	设施种类	综合比例系数
车行道设施	$\mu_1=0.35$	路基与排水设施	$\mu_3=0.25$
人行道设施	$\mu_2=0.25$	其他设施	$\mu_4=0.15$

城镇道路各设施合格率（λ_{bi}）应按式（9-12）计算：

$$\lambda_{bi}=\frac{m_i}{n_i}\times100\% \tag{9-12}$$

式中：λ_{bi}——道路各设施合格率（%），其中 i 取值为 1～4，分别表示车行道、人行道、路基与排水、其他设施；
m_i——各类设施的优、良、合格单元数；
n_i——各类设施总检查单元数。

城镇道路车行道的养护技术状况评定，以路面现有状况为依据，在行车荷载的重复作用下和自然因素的影响下，路面的使用性能和结构完好程度将随使用时间的增长而恶化，而及时的养护工作可以延缓这一衰减速度，使道路在其设计年限内提供应有的良好服务水平，甚至超期仍维持一定的路用性能。据此，在检查评定城镇道路养护状况时，应计入路龄因素的影响，路龄系数反映道路养护技术水平的优劣，考虑路龄系数利于延长大修周期。车行道、人行道完好率、路基与排水、其他设施的完好程度以检查单元为单位进行记录，可表示出破损类面积或破损处数量，从而计算出完好率（%）和完好程度（分），在此基础上评定状况等级。

为表现路面破损对使用性能与寿命的不同影响程度以及养护工作量的不同比重，规定了车行道各类破损的相应换算系数，从而加权确定当量破损面积。

车行道养护状况的检查评定应将所调查车行道单元破损状况按式（9-13）计算车行道完好率：

$$C_L=\frac{F_1-\beta\sum F_{1i}K_i}{F_1}\times100\% \tag{9-13}$$

式中：C_L——车行道完好率（%）；
F_1——检查单元车行道总面积（m²）；
F_{1i}——各类破损的实际面积（m²），同一地点有两种以上病害时只记一次严重者（K_i 取大者）；
K_i——路面各类破损换算系数（表9.17）；
β——路龄系数（表9.18）。

车行道各类破损换算系数 K_i 值表　　　　表 9.17

破损类型	沥青路面	水泥混凝土路面
裂缝	0.5	3
碎裂（网、龟裂）	1	3

续表

破损类型	沥青路面	水泥混凝土路面
断裂	—	10
松散	1	—
脱皮、泛油、露骨	1	1
坑槽、啃边	3	3
井框高差	3	3
车辙	0.5	—
沉陷	3	3
拥包	2	—
搓板或波浪	2	—
翻浆	6	—
唧浆	6	6
缝料散失	—	2
错台	—	6

路龄系数 β 值表　　　　　　　　　　表 9.18

路龄		路龄系数 β
设计年限内		1.0
超设计年限(年)	1～5	0.9
	6～10	0.8
	11～15	0.7

注：路龄为该路建成年与检查年之差值。

人行道养护状况的评定应将所调查人行道单元（含路缘石）破损状况按式（9-14）计算人行道完好率：

$$P_L = \frac{F_2 - \sum F_{2i}}{F_2} \times 100\% \qquad (9\text{-}14)$$

式中：P_L——人行道完好率（%）；

　　　F_2——检查单元人行道总面积（m²）；

　　　F_{2i}——各类破损的实际面积（m²）。

路基与排水设施养护状况的检查评定应按所调查路基与排水设施单元破损状况进行累计扣分后（表 9.19），按式（9-15）计算路基与排水设施完好程度得分值：

$$SDL = 100 - S_{sd} \qquad (9\text{-}15)$$

式中：SDL——路基与排水设施完好程度（分）；

　　　S_{sd}——路基与排水设施破损累计扣分。

其他设施指城镇道路配套的附属构筑物，包括涵洞、标志、防护设施等（包括栏杆、隔离墩等）。

路基与排水设施扣分标准表　　　　　　　　　　　表 9.19

损坏类型		扣分标准
路及(路肩、边坡、护坡、挡墙)(处)	不整、冲沟	5分
	边坡损坏	5分
	构筑物损坏	10分
排水设施(明沟、暗沟、井)(处)	破损	5分
	淤塞	10分

其他设施养护状况的检查评定应按所调查其他设施单元破损状况进行累计扣分后(表9.20)，按式(9-16)计算其他设施完好程度得分值。

$$QL = 100 - S_f \tag{9-16}$$

式中：QL——其他设施完好程度（分）；

S_f——其他设施破损累计扣分。

其他设施扣分标准表　　　　　　　　　　　表 9.20

损坏类型		扣分标准
附属构筑物(涵洞、通道)(处)	变形	5分
	破损	5分
	功能失效	10分
附属设施(防护栅栏、标志、防护设施)(处)	破损	5分
	功能失效	10分

9.4.2 镇道路养护状况评价等级

城镇道路养护状况评定等级应按车行道、人行道、路基与排水、其他设施四类设施单元分别确定优、良、合格、不合格四级，以优、良、合格单元数占总检查单元数的百分比为该类设施的合格率（λ_{bi}），对每条城镇道路的四类设施合格率的加权平均值为该路养护状况综合完好率（λ_z）（表9.21～表9.25）。当出现结构强度不足时，设施养护状况评定等级不得为优、良。

城镇道路养护状况评定等级标准　　　　　　　　　　　表 9.21

养护状况等级	完好率 λ_z(%)			
	快速路	主干路	次干路	支路及其他
优	≥95.5	≥95	≥94.5	≥94
良	88.5≤λ_z<95.5	88≤λ_z<95	87.5≤λ_z<94.5	85.5≤λ_z<94
合格	80≤λ_z<88.5	79≤λ_z<88	78.5≤λ_z<87.5	76.5≤λ_z<85.5
不合格	<80	<79	<78.5	<76.5

车行道养护状况评定等级标准 表 9.22

养护状况等级	完好率 CL(%)			
	快速路	主干路	次干路	支路及其他
优	≥99	≥98.5	≥98	≥95
良	98≤CL<99	97.0≤CL<98.5	96≤CL<98	90≤CL<95
合格	95≤CL<98	93≤CL<97	91≤CL<96	85≤CL<90
不合格	<95	<93	<91	<85

人行道养护状况评定等级标准 表 9.23

养护状况等级	完好率 PL(%)
优	≥98
良	96≤PL<98
合格	91≤PL<96
不合格	<91

路基与排水设施养护状况评定等级标准 表 9.24

养护状况等级	完好率 SDL(%)
优	≥90
良	75≤SDL<90
合格	60≤SDL<75
不合格	<60

其他设施养护状况评定等级标准 表 9.25

养护状况等级	完好率 QL(%)
优	≥90
良	75≤QL<90
合格	60≤QL<75
不合格	<60

第十章　道路路面养护科学决策

养护决策是城市道路养护工作的重要组成部分,也是管理部门的一项主要职责。传统的道路养护决策方法是采用以人工调查和主观决策为主的经验型决策模式,它是在特定时期,为适应特定的技术、经济、环境及道路养护需求而形成的一种模式化的决策方法。传统决策模式缺乏科学的规划性和计划性,主观决策和只问现状不考虑长效的决策方法经常造成严重的资金浪费,同时也使道路处于经常性的维修状态,降低了道路的服务水平和投资效益。

随着我国城市道路养护规模的迅速扩大、交通量的快速增长和社会公众对道路服务水平期望值的提高,传统的养护决策模式已经远远不能适应以快速、安全、舒适为服务宗旨的现代城市道路养护要求。道路养护的快速发展迫切需要建立一种新的养护决策模式,克服现有决策方法的缺陷,提升现代技术条件下的科学决策能力,树立预防性养护和全寿命周期成本的理念,使道路养护资金发挥最大效益。

本章主要对城市道路科学决策体系中,路面性能预测、养护需求分析、资金优化分配、投资效益分析等进行了简要介绍。

10.1　路面使用性能预测

随着城市道路使用时间或累计轴载作用次数的增加,路面将产生不同程度的损坏,其使用性能也将不断恶化。当损坏发展到一定程度时,就需要采取养护措施,以恢复或提高其使用性能。对市政管理部门或决策者而言,为了在时间和空间上合理分配有限的养护资金和可用资源,使道路维持良好的技术状况和服务水平,不仅需要掌握路面当前的技术状况,还必须预测新建路面或路面采用各种养护措施后,其使用性能可能发生的变化规律。

常见的路面性能衰变有直线、负指数和 S 形曲线等多种类型,不同省市的路面会有不同的衰变规律,同一省市不同地区也可能包含多种衰变方式。无论路面呈现什么样的衰变方式,规律都是一样的,即路面使用性能随着时间的推移而降低。

10.1.1　影响因素

建立可靠的性能预测模型,首先需要分析路面性能的影响因素,主要的影响因素如下:

(1) 路面类型。

路面类型包括面层类型、基层类型、面层厚度、基层厚度及路面的材料特性。显而易见,不同的路面类型所表现的路面性能是不尽相同的。路面性能预测模型通常以路面结构为基础建立。

(2) 气候条件。

气候因素包括温度和湿度。温度影响沥青混合料的蠕变性能，是车辙，也是某些裂缝的影响因素。湿度影响路基的承载力，降低路面强度。在降水量较大或冬夏温差较大的冰冻地区，路面状况容易变坏。如果冰冻和潮湿现象同时发生情况会更加严重，冻融循环容易导致路面的冻胀和翻浆。气候对路面性能的影响可以按照气候分区或气候指标来考虑。

(3) 路龄。

路龄被定义为现在到路面新建、改建或最后一次大、中修的时间。路面破损状况与路龄有很大关系。随着路龄的增加，路面产生疲劳破坏，材料逐渐老化。大部分经验型预测模型考虑了路龄。

路龄对路面性能的影响体现在路面材料在各种环境因素作用下的老化和交通荷载的累计作用。因此，路龄不是一个影响路面性能的单独因素，它与各种因素相互作用。

(4) 道路等级。

在快速路和主干路上，路面使用性能的恶化要比一般道路上严重一些，原因是高等级道路上较大的交通量造成的。

(5) 交通量。

交通量是引起路面疲劳破损的直接原因。轴载交通量对于路面状况恶化起着非常重要的作用，在同样条件下，轴载交通量越大，路况恶化就越快。但是也有例外情况，例如，有些专家在分析交通荷载和路面平整度关系时发现，交通荷载对路面平整度的影响不明显。

(6) 养护水平。

较好的路面养护能延长路面的正常使用寿命。因此，养护水平对路面性能有很大影响。研究发现老路的路面性能预测曲线斜率较缓甚至趋于零，原因很可能是日常养护及其他养护措施在发生作用。开发路面性能预测模型时需要注意路龄较大时预测曲线斜率可能小于零，这显然不符合路面性能发展规律。原因是老路的养护力度要比一般道路大得多。

(7) 路面材料。

材料对沥青混凝土路面的性能有很大影响，主要体现在沥青和石料种类及它们的性质存在地区差异。

(8) 其他因素。

其他因素对路面性能也有一定的作用，这些因素包括指标间的相互作用、车辆特性、排水和植被等。

10.1.2 预测模型

路面性能预测模型分为确定型模型和概率型模型。确定型预测模型在给定条件及相应时间后就能给出确定的路况预测值，常用表达方式包括直线、负指数曲线和S形曲线等，如图10.1所示。确定型模型具有容易建模、易于理解和易于应用等优点，有时为了简化计算工作，对预测模型进行分段线性简化，如图10.2所示。但路面性能的预测有不确定性，确定性模型则无法解决此问题。

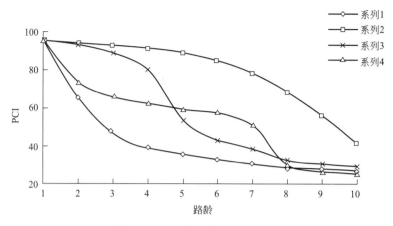

图 10.1　典型路面性能预测曲线

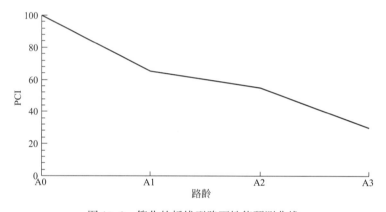

图 10.2　简化的折线型路面性能预测曲线

概率型预测模型则考虑了路况发展的不确定性，在给定的条件下，给出的预测结果一般为某一时刻路况值的分布情况，概率型预测模型主要是马尔可夫概率预测模型和贝叶斯概率预测模型。其最大优点是可将路面性能预测中存在的不确定性进行量化，在数据少时结合工程经验建模准确性相对较高，而且模型可以从使用寿命的任一年开始预测。缺点是模型对状态概率转移矩阵进行预测，不如对路况指标预测直观。

无论是确定型还是概率型的预测模型，其建模方法都可分为：经验法、力学法、力学—经验法三种。

10.2　养护需求分析

养护需求分析是在不考虑资金限制下，基于设定的养护标准，确定需要养护的路段和费用。道路养护需求分析是指对道路进行全面综合的调查、检测和评估，以明确道路所处环境、道路用途、道路使用状况、道路现状和需求等因素，确定道路养护的优先程度和主要养护方式，制定出可行的养护计划和具体措施的过程。主要包括：

(1) 调查分析：对道路的道路基础、路基、路面、排水等各个方面进行全面调查分析，了解道路的实际状况和存在的问题。

(2) 建立数据库：建立道路养护的数据库，对道路的历史养护记录、养护规程、重要事件、日常巡查检查等进行归档，为养护方案的制定和执行提供依据。

(3) 需求评估：根据道路使用状况和地区需求的不同，评估道路的养护需求，包括道路使用量、交通状况、历史事故情况等指标，并根据道路整体状况、地区环境、接近生命期等因素综合考虑，确定道路养护的优先程度。

(4) 养护计划制定：根据需求评估的结果，将道路分为不同的养护等级，制定出针对性的养护计划和具体措施，包括定期养护、预防性养护、紧急养护等方式。

(5) 养护效果评价：针对养护执行后的效果进行评价，反馈到数据库中，以便于后续的养护和维护。

10.2.1 路面养护标准

养护标准是对路面使用性能或养护质量评价值的一种限定，直接影响到各路段养护需求的时间和养护对策的选择。如果实际值或预计值超过这个限值就产生了养护需求，需要考虑进行某种方式的养护，以保全或恢复路面的使用性能，如图10.3所示。

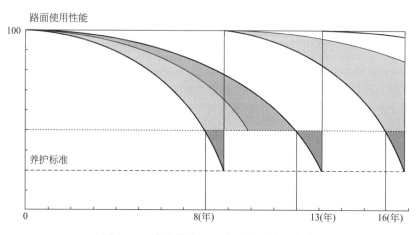

图10.3 路面养护标准对路面性能的影响

标准是人为确定的，不同的标准将得到不同的统计及养护方案。例如，当规定沥青水泥路面主干路 RQI 小于 2.4 时进行大修，所有 RQI 低于 2.4 的路段均要进行大修。但是当把标准提高到 3.0 时，原有城市大修的里程将增加（比如从 100km 增加到 150km）。对于养护方案而言，例如提高路面的养护标准可能就会使薄罩面比大修措施更有经济效果。相反，如果养护标准设了较低的值，那么更可行的方案可能就是厚罩面或大修补强。尽管标准是人为的，但它一般受如下因素制约：

(1) 道的等级或类型，一般较高等级的道路会设置较高的养护标准。

(2) 可用的资源和养护政策，对于资金比较充足的地区，可以设置较高的养护标准，使路况保持较好的养护质量，反之则需设置稍低一些的养护标准。

(3) 路网的养护状况，对于整体状况较好的路网可设置高一些的标准，而对于路网养护状况较差的路网,则只能设置较低的标准,否则会造成养护需求过大,而不利于按"轻重缓急"的原则进行养护决策。

由此可见,养护标准是一个较为敏感的因素,由多种因素控制,因此在确定养护标准时,可考虑多个标准(高、中、低)以分析不同标准产生的需求差别。

10.2.2 养护方案

在建立了路面预测模型之后,根据制定的养护标准,就可以列出所有需要养护的项目清单。

为了综合考虑路面损坏、平整度、结构强度、抗滑能力、路面类型、道路等级、交通量等各项路况指标以及相关因素的影响,一般采用决策树的方法(图10.4),用以覆盖各种可能的组合情况。根据决策树模型(图10.5、图10.6),将路网不断进行分支、细化,综合考虑各种组合条件,在各个分支的末端,给出组合条件限制下的一种或几种备选养护方案,最终通过经济优化指标确定最佳的养护方案(图10.7)。

采用决策树时,对于地区养护政策等比较主观化的因素难以考虑,同时,由于要进行分支,对于分支的标准比较绝对化。这样,路况等条件的组合比较呆板,难以考虑多种复杂的组合条件。否则,决策树将十分繁杂,难以使用。

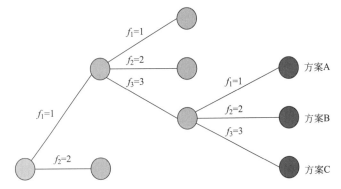

图 10.4 决策树示意图

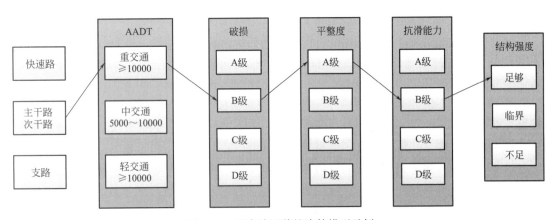

图 10.5 沥青路面养护决策模型示例

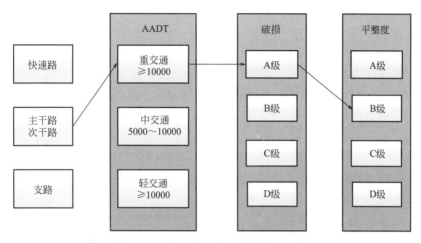

图 10.6　水泥路面养护决策模型示例

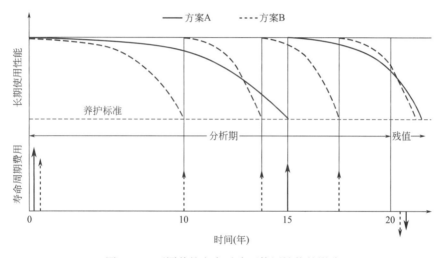

图 10.7　不同养护方案对路面使用性能的影响

10.3　养护资金优化分配

按照决策模型确定养护措施后，其费用往往远超管理部门的养护预算，在实际工作中经常会遇到的一个问题就是在限定的养护资金下，采取何种行动方案（选择哪些路段？用什么方法？在什么时候养护？），从而获得最大的经济效益，所以我们就需要对现有资金进行优化分配。

在确定养护投资的优先级时，应从两个方面考虑：一要考虑优先养护哪一个路段可以产生最大的经济效益，或者是在一定的养护资金限制下，应优先养护哪些路段可以保证整个道路网处于最佳的服务水平；二要考虑优先采用哪一种养护对策可以达到最高的社会价值和效益成本比，并维持较好的服务水平。

从直观的感觉上来看，路面状况愈差，应该愈优先养护，但实际上这种排序的指导原则在某种程度上来讲是不科学的，其原因有二：一是某些正在使用的路面由于缺乏日常的小修和保养，而使得路面损坏过早，如果采用路况愈差愈优先养护，那么实际上是"奖懒罚勤"；二是在现有的道路网中，大部分低等级道路损坏较为严重，如果采用上述养护方法，那么从宏观上来看，其经济效益和社会因素并未考虑进去，养护的投资效益得不到明显体现。

具体需要制定科学合理的养护资金预算方案。根据路段长度、使用频率、道路等级和近期养护记录等因素，制定养护资金预算方案，并根据养护任务的紧急程度和实际情况进行动态调整。其次需要制定养护资金使用计划：根据养护资金预算方案，制定针对不同道路养护等级的资金使用计划，并制定每个区域或路段的养护清单，明确养护任务、时间、费用和责任等。优化养护资金使用效率：通过优化技术手段和管理方式，减少养护成本，提高养护效率。如采用新型工程材料，减少手工劳动和机械维修，采用现代化设备和管理软件等手段。引导社会资本参与：信用好、实力强的企业可以积极参与道路养护工作，向政府投标承办养护项目，引导社会资本参与道路养护。加强监管审核：通过制定合理的监管机制，加大对预算和使用计划的审核力度，增加审计频次，提高监管能力。加强评估和反馈：对养护资金使用效果进行评估和反馈，对各项措施进行科学评估，对不合理的措施及时修改，保证养护工作的可持续发展。

综上所述，科学的养护资金优化分配，应在路面养护需求分析的基础上，对已经确定需要大中修及预防性养护的路段，通过优先排序、方案比选、经济分析及优化决策，综合确定最需要养护的路段、养护方案和养护费用实现养护资金的优化分配，提高道路养护效率和质量。

10.4 投资效益分析

养护投资效益分析是根据路面长期使用性能、交通组成、行驶速度和各项寿命周期费用，确定最佳道路养护投资方案及不同投资水平对整个道路技术状况的影响，同时，确定各路段最佳养护方案、经济效益、费用节省及改变路面养护方案或养护时间所增加的养护费用和用户费用。

投资效益分析应综合考虑技术指标和经济指标，技术指标主要包括路面破损、平整度、结构强度和抗滑能力四项指标，经济指标主要包括经济内部收益率（$EIRR$）、效益费用比（BCR）、全寿命周期费用（LCC）等。

投资水平与投资效益成正比，投资越大产生的经济效益越大。投资水平与路面服务能力成正比，投资足够时路面状况逐年提高，路面保持着较高的服务能力，投资不足时路面状况逐年下降，路面使用性能逐渐降低，详见图10.8。

道路养护需要不断的资金投入，为了保障投资的效益和经济性，需要对道路养护的投资进行详细的效益分析。较全面的，投资效益分析要涉及以下几个方面：成本效益分析（对投资费用、维护成本、保养费用等进行权衡，比较不同投资方案的成本与效益，选择最优方案）；风险评估（评估道路养护工程的风险水平，比较不同方案的风险和解决方案

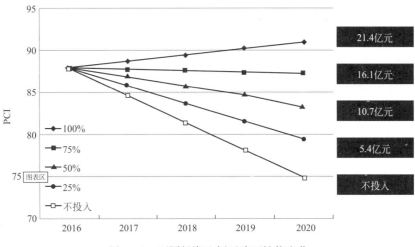

图 10.8　不同投资比例下路面性能变化

的可靠性，选择最优解决方案）；社会效益分析（包括提高道路使用效率、减少交通事故、节省能源和减少污染等因素的全面考虑，衡量不同方案对社会和经济带来的影响）；环境效益分析（包括影响人和生物健康的污染和噪声等方面的考虑，选取对环境影响最少并且效益最大的方案）。针对以上几个方面，可以采用不同的效益分析方法，例如，对于成本效益分析可以采用贴现现值分析法、收益成本比分析法、内部收益率分析法等；对于风险评估可以采用风险分析技术、灰色关联分析法等；对于社会效益和环境效益分析可以采用生态评价方法、环境影响评价方法等，这里涉及的分析方法不进行具体说明。同时，投资效益分析需要考虑到道路养护的全生命周期，而不只是当前一时的投资效益，要综合考虑道路的长期收益和长远投资效益。最终，选择最优方案以确保道路养护的资源和资金的合理利用，使经济性和效益性得到最大化的体现。

10.5　中长期养护规划

根据养护分析结果，编制道路网中长期养护规划，规划内容主要包括当前道路概况、路面技术状况、路面长期性能、多年养护需求、多年养护预算、路面养护投资效果与效益等内容。其目的是根据现有的路面技术状况，预测规划分析期内的路面使用性能、养护需求、资金需求、投资效益等关键因素的时间序列变化趋势，通过合理地选择养护标准、科学地安排中长期养护规划，优化养护资金的投资效益，降低全寿命周期成本，提高道路的服务水平。它是一个涵盖了多个方面的、综合性的规划体系，以全生命周期为考虑视角，系统地分析和评估道路各方面因素，针对当前和未来的道路养护需求，制定长远的规划和战略决策，为保障道路安全和保障和改善交通条件提供指导。

具体来说，道路中长期养护规划一般包括：道路养护现状评估，包括道路使用状况、技术状况、管理状况、养护基础设施、运营维护等方面，以评估道路的现状和存在的问题；道路养护需求评估，包括现阶段和未来道路的养护需求，对于存在较大风险或者长期使用的路段要制定相应的养护计划；道路养护目标和战略，根据制定的道路养护需求和评估结果，确定长期的养护目标和战略，包括道路养护计划和投资规划等，为实现规划目标提供保障；道路养护管理体系设计，制定一种适合现阶段的管理体系，包括组织架构、管理流程、责任制、协调机制等方面的管理，保证道路养护规划的有效实施；道路养护投资计划，制定合理的资金投入计划，分析当前资金缺口，合理分配作为投资、维护和保养等方面的资金，确保道路养护规划能够顺利实施。

具体针对不同的道路情况和养护需求，养护规划需要定期更新和补充完善，保障道路的安全和交通的畅通。同时，规划涉及多方面的问题和利益，需要政府、业主、开发商、道路运营管理方、行业协会等多方合作，才能取得更好的成效。

第十一章　道路养护管理信息化

根据《中华人民共和国国民经济和社会发展第十四个五年规划和 2035 年远景目标纲要》的要求，完善城市信息模型平台和运行管理服务平台，构建城市数据资源体系，推进城市数据大脑建设。道路养护管理信息平台是智慧城市的重要组成部分，以道路数据库为基础，建立养护工作流程化、路况检评自动化、养护决策科学化、养护历史信息化，从而提高城市道路养管的科学化、精细化、系统化水平。

11.1　养护管理信息系统组成

养护管理信息系统的作用是为各级市政管理部门实施市政路网技术状况检测、评定、统计和报表，提供快速、准确的计算及展示工具。养护管理信息系统的架构如图 11.1 所

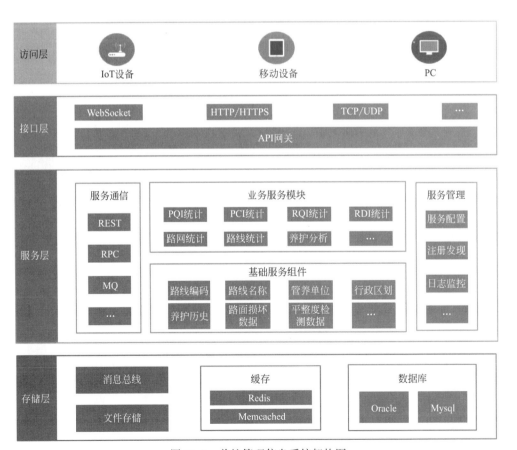

图 11.1　养护管理信息系统架构图

示。城市道路养护管理信息平台一般包括"数据管理""路况评定"和"决策分析"等模块。数据管理模块是对城市道路网的基础信息、路面结构、路况数据、建养历史和路域环境信息等进行综合管理，它是管理平台各项决策的基础，如图 11.2 所示；路况评定模块是依据国家现行标准《城镇道路工程施工与质量验收规范》CJJ 1、《城市桥梁养护技术标准》CJJ 99 和《城镇道路养护技术规范》CJJ 36 等检评规范进行技术状况评定和养护状况分析，如图 11.3 所示；决策分析模块通过道路性能预测模型、养护对策模型、养护方案模型、路段排序模型确定养护路段、测算养护资金和全寿命周期费用分析。

图 11.2　养护管理信息系统"数据管理"模块

图 11.3　养护管理信息系统"路况评定"模块

11.2　系统功能

城市道路养护管理信息平台主要功能如下：

（1）数据管理：建立数据库对海量数据进行有效管理，海量数据包括信息化养护分析和决策需要的各类数据；

（2）技术状况评定：依据城市道路相关检评标准对城市道路路面、桥隧、沿线设施等检测数据进行路况评定；

（3）路面长期性能预测：根据当前路面技术状况，预测未来的路况变化趋势；

（4）全寿命周期费用分析：能根据不同养护方案及其路面技术状况，预测未来多年路面大中修养护费用、预防性养护费用、日常养护费用等相关费用，分析公路养护投资的经济可行性；

（5）路面养护投资效益分析：能依据多年的路面技术状况和全寿命周期费用，确定路面养护的投资效益，提出公路最佳的投资水平、投资方案和养护标准；

（6）路面养护需求分析：根据设定的路况指标阈值，依据未来的路面技术状况发展趋势，提出路面养护长期需求，确定公路需要养护的地点、措施、时间和费用；

（7）路面养护预算分析：能根据当前路面技术状况，确定未来公路路面技术状况达到一定水平之上所需要的各年度最低养护预算；

（8）路面养护资金优化分配：基于养护效益最大的目标，将有限的公路养护资金分配到最需要养护路段上；

（9）路面养护规划：能根据当前公路路面技术状况分析未来一定年度的路面养护需求、养护资金预算或路面养护资金优化分配结果，结合路面长期性能预测模型预测未来年度养护效果，据此编制5年以上的公路路面长期养护规划；

（10）路面养护计划：根据当前公路路面技术状况，结合未来的路面使用性能，确定当年年度路面养护需求规模和养护工程优先顺序，优化分配路面养护资金，确定公路养护路段的位置、措施和费用，编制路面养护计划，用于指导路面大修、中修、专项及预防性养护项目的筛选及资金管理。

11.3　系统安全

根据等级保护对象在国家安全、经济建设、社会生活中的重要程度，以及一旦遭受破坏、丧失功能或者数据被篡改、泄漏、丢失、损毁后，对国家安全、社会秩序、公共利益以及公民、法人和其他组织的合法权益的侵害程度等因素，信息化系统等级保护对象的安全保护等级分为以下五个等级。

（1）第一级：等级保护对象受到破坏后，会对相关公民、法人和其他组织的合法权益造成一般损害，但不损害国家安全、社会秩序和公共利益；

（2）第二级：等级保护对象受到破坏后，会对相关公民、法人和其他组织的合法权益

造成严重损害或特别严重损害,或者对社会秩序和公共利益造成损害,但不损害国家安全;

(3) 第三级:等级保护对象受到破坏后,会对社会秩序和公共利益造成严重损害,或者对国家安全造成损害;

(4) 第四级:等级保护对象受到破坏后,会对社会秩序和公共利益造成特别严重损害,或者对国家安全造成严重损害;

(5) 第五级:等级保护对象受到破坏后,会对国家安全造成特别严重损害。

等级保护对象定级工作一般流程为:确定定级对象、初步确定定级、专家评审、主管部门审核和备案审核。安全保护等级初步确定为第二级及以上的等级保护对象,其网络运营者应依据该流程组织进行专家评审、主管部门核准和备案审核,最终确定其安全保护等级。安全保护等级初步确定为第一级以上的等级保护对象,其网络运营者可依据该流程自行确定其最终安全保护等级,可不进行专家评审、主管部门核准和备案审核。

11.4 智慧城市展望

智慧城市是把新一代信息技术充分运用在城市各行各业,基于下一代创新(创新2.0)的城市信息化高级形态。实现数字化、工业化与城镇化深度融合,有助于缓解"大城市病",提高城镇化质量,实现精细化和动态化管理,提升城市管理效率和市民生活质量。

2014年8月27日,经国务院同意,发展改革委、工业和信息化部、科学技术部、公安部、财政部、国土资源部、住房城乡建设部、交通运输部联合印发了《关于促进智慧城市健康发展的指导意见》(发改高技〔2014〕1770号),要求各地区、各有关部门落实本指导意见提出的各项任务,确保智慧城市建设健康有序推进。并提出,到2020年,建成一批特色鲜明的智慧城市,聚集和辐射带动作用大幅增强,综合竞争优势明显提高,在保障和改善民生服务、创新社会管理、维护网络安全等方面取得显著成效。2021年5月6日,住房城乡建设部、工业和信息化部公布了智慧城市基础设施与智能网联汽车协同发展第一批试点城市,北京、上海、广州、武汉、长沙、无锡6市入选。

作为智慧城市建设的重要组成部分,道路精细化养护管理在智慧城市建设的快速发展中起到了关键作用。通过数据调查和管理的精细化、道路养护管理方式的精细化、养护方案制定的精细化、道路养护网络信息化管理,协同实现道路精细化养护管理的数字化、智能化、智慧化,是未来道路养护管理的趋势。

智慧管养平台是一个基于云计算的人工智能大数据平台,其整合了各种有效的数据采集方式,通过以深度学习和主动学习为核心的人工智能算法,对获取到的事件进行智能分析、归纳分类、按需分发,不仅将与市政养护管理有关的事件第一时间转入业务体系,快速分发、紧急处理,远端实时监控维护情况,而且以后端智能比对的方式核实前端修复结果,形成业务闭环。同时,平台还拥有市政设施病害数据库,对市政设施进行建模,可以实时反映市政设施病害、维修情况。另外,平台还能将获取的其他城市事件以人工智能的方式进行分析处理、归纳分类,按事件类型和对应部门,将事件转发到各个管理部门,实现发现事件实时告知、处理过程即时获取、远程修复实时检验的三位一体智慧城市大数据平台。建立预知、警预、防预三合一的智慧城市预警体系，为城市政府部门更好地掌控、管理、运营城市提供最有力的技术支持。

  精细化养护管理是一个管理过程，最终的结果体现在延长道路使用寿命、保证道路使用功能、提升道路外观效果、取得较好的经济效益和社会效益等方面。通过管理精细化分工、制度精细化落实、施工精细化作业、科技手段精细化应用，整体提高养护行业的养护管理水平。同时，作为未来智慧城市发展的重要组成部分，城市道路精细化养护管理也应当跟上时代科技发展的浪潮，实现道路精细化养护管理的数字化、智能化、智慧化，更好地为城市发展提供精细化、定制化服务，更好地满足人们出行的安全性和舒适性要求，改善交通状况，提升城市形象。

第十二章 城市道路养护设计

12.1 养护专项调查

路况基础信息及路况检测数据是进行养护方案设计的基础,准确、全面的检测数据才能保证养护方案的合理。

首先应收集路段的基础数据,主要有路线的技术标准、管理信息、交通状况、建设条件、经济参数等数据,为制定养护标准、分析病害特点提供数据基础(表12.1)。

基础数据收集项目　　　　　　　　　　表 12.1

序号	数据类别	主要数据项目
1	技术标准	设计标准、路面结构、几何线形、横断面形式等
2	管理信息	养护历史、历史路况数据及主要病害类型、常用处治措施等
3	交通状况	历年交通量、车辆类型组成、轴载状况等
4	建设条件	气候条件、地形地貌、水文地质等
5	经济参数	工程材料单价、人工费用、地方经济指标

城市道路路面技术状况数据,包括路面破损状况、平整度、强度和抗滑能力等资料,若有6个月内的检测数据,可直接应用,否则进行补充检测,检测按照《城镇道路养护技术规范》CJJ 36—2016进行,为养护需求分析提供基础数据(表12.2)。

路况检评数据　　　　　　　　　　表 12.2

序号	评价指标	检测指标
1	路面状况指数(PCI)	路面详细病害(位置、类型、范围)破损率(DR)
2	路面行驶质量指数(RQI)	国际平整度指数(IRI)
3	路面综合评价指数(PQI)	PCI 和 RQI 综合值
4	结构强度	弯沉
5	抗滑能力	BPN、TD 或 SFC

路面破损数据应针对每个车道进行检测,能提供每百米的破损状况,要分别识别路面病害的线裂、网裂、龟裂、路框差等病害。

部分路段如存在水损害,同时路基存在沉陷等病害,设计单位应针对确定实施大中修的路段,则进行项目级路况检测,检测指标及要求按照表12.3所示进行检测。

大中修工程路段路况专项调查　　　　　　　　　　表 12.3

序号	数据类型	检测要求
1	结构强度	检测设备可采用贝克曼梁弯沉仪、自动弯沉仪或FWD;检测频率为50m/点,也可采用先进高速弯沉检测设备

续表

序号	数据类型	检测要求
2	结构参数	开挖后进行承载板试验或弯沉试验,选择典型路段进行检测
3	完整性钻芯取样	取样频率1~2个/km,病害集中的路段适当加密;一组车辙芯样包括辙槽位置、隆起位置及附近无病害处; 取芯位置应涵盖各路段典型病害及典型路况
4	材料性能	挑选典型路况位置进行材料试验; 试验频率为2~3组/每个典型路段; 试验项目包括沥青性质、混合料性质、集料级配; 对于高填方或存在路基沉陷的路段,应检测路基土材料性质,检测深度应达到软弱层位以下或填方层位以下
5	排水状况	全线现场踏勘、挖坑观测、渗水试验等

12.2 养护方案设计

城镇道路沥青路面养护设计应按照路况调查与评价、病害诊断与养护对策选择、养护方案设计及详细设计的流程开展工作,实现养护设计规范化。

市政道路沥青路面养护设计流程可按图12.1进行。

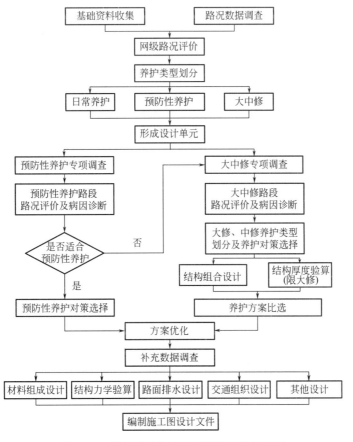

图 12.1 城镇道路沥青路面养护设计流程图

12.2.1 养护类型划分

利用路面技术状况数据对评价单元进行评价分析后，应根据其路况特点进行养护类型的划分。利用路面技术状况数据，可将各设计单元养护类型划分为预防性养护和矫正性养护两大类。矫正性养护包括保养小修、中修、大修和改扩建工程（表12.4）。

设计单元养护类型划分方法　　　　表12.4

评价指标	PCI	RQI	结构强度	BPN、TD、SFC
等级	A、B	A、B	足够	A、B
养护对策	预防性养护或保养小修			
评价指标	PCI	RQI	结构强度	BPN、TD、SFC
等级	B、C	B、C	足够、临界	B、C
养护对策	保养小修或中修			
评价指标	PCI	RQI	结构强度	BPN、TD、SFC
等级	C	C	临界、不足	C、D
养护对策	中修或局部大修			
评价指标	PCI	RQI	结构强度	BPN、TD、SFC
等级	D	D	不足	D
养护对策	大修或改扩建工程			

注：A、B、C、D为路面技术状况评价等级，不同等级对应不同检测指标范围。

表12.4中各指标值域应根据各评价单元的建养历史、交通状况、养护水平、路况现状及养护目标等因素综合确定。根据道路基础数据、路表病害分布数据和路面技术状况数据，将路面类型及横断面形式一致，交通等级、养护类型相同，空间连续的评价单元进行合并，形成设计单元。

12.2.2 病害诊断与养护对策选择

针对各设计单元开展病害原因诊断工作，确定主导病害类型及其病害发展层位和产生原因。根据病害发生的层位不同，可将沥青路面病害产生原因分为下列四种类型及典型病害类型：

（1）由于路基结构不稳定而引起的整体结构性破坏：拥包、沉陷、翻浆、唧浆，严重纵缝等；

（2）由于基层结构破坏而引起的整体结构性破坏：线裂、网裂、龟裂、车辙等；

（3）由于沥青面层结构破坏而引起的功能性损坏：线裂、网裂、龟裂、车辙、坑槽等；

（4）由于沥青表面层材料性能衰减而引起的功能性损坏。

路面病害产生原因应基于建养历史、交通荷载、路况特点和专项检测结果，并结合养护管理人员及工程师经验进行综合判断。病害原因诊断结果应与路况专项调查结果相互匹配，病因诊断分析的基本流程可参考表12.5。

路面病害原因诊断 表 12.5

序号	病害原因类型	病害位置专项调查结果	产生原因分析
1	路基结构不稳定	1. 路表面破坏严重,纵向裂缝较长; 2. 路基土含水量大,土质不均匀; 3. 路基土强度不足	1. 温度应力导致路基拼接缝开裂; 2. 路基土质不良导致不均匀沉陷; 3. 软土地基结构承载能力不足
2	基层结构破坏	1. 病害发展至基层; 2. 基层松散破坏; 3. 路面结构强度不足; 4. 基层材料无侧限抗压强度偏低; 5. 裂缝发展形态为下宽上细	1. 基层结构疲劳破坏; 2. 温度应力导致基层开裂; 3. 水分渗入基层产生水损坏
3	面层结构破坏	1. 基层结构完整; 2. 沥青面层整体开裂; 3. 结构层厚度及空隙率变化较大; 4. 面层与基层脱离; 5. 沥青面层劈裂强度偏低; 6. 裂缝发展形态为上宽下细; 7. 渗水系数偏大	1. 沥青面层温度应力裂缝; 2. 沥青面层疲劳裂缝; 3. 沥青面层抗剪强度不足; 4. 层间粘结不良; 5. 沥青面层材料压密或流动变形
4	表面层材料性能衰减	1. 构造深度不足; 2. 石料磨光值不足; 3. 表面层混合料空隙率变小	1. 表面层材料压密变形; 2. 表面层过适磨光; 3. 表面层沥青黏附性下降; 4. 表面层沥青老化变质

路面养护的好坏对于道路的使用寿命有着至关重要的影响。预防性养护是一种周期性的保养措施,它并不考虑路面是否已经有了某种损坏,而是通过采用先进的检测技术努力拓宽人们对于道路早期病害的认识空间,提前发现道路隐藏的隐形病害的存在,并施以正确的预防性养护措施,其核心是要求采用最佳成本效益的养护措施,强调养护管理的计划性。

预防性养护路段及其措施的确定前应进行技术数据采集,采用自动化快速检测设备检测各项指标(如:路面结构强度、PCI、RQI、RD、BPN 或 SFC 等主要指标,以及老化、松散、渗水系数、构造深度等辅助指标),并结合原路面结构类型及使用年限、城镇道路技术等级、交通荷载等级、路面病害情况、交通量等级、气候条件以及养护措施的工程特性和经济性等因素进行综合决策。

预防性养护应根据路面技术状况指标值域采取适当的预防性养护措施,推荐预防性养护措施参见表 12.6。当同一路面具有不同技术状况指标时,应按病害程度较重情况选取预防性养护措施。预防养护措施应用条件见表 12.7。

路面技术状况指标值域与预防性养护措施 表 12.6

技术状况指标	值域	程度	预防性养护措施
路面状况指数 PCI	≥85	轻	病害预处治、沥青路面再生处治、(含砂)雾封层等
	80~85	中	病害预处治、微表处、碎石封层及复合封层等
	70~80	重	病害预处治、碎石封层及复合封层、薄层沥青罩面等
行驶质量指数 RQI(m/km)	3.2~5	轻	病害预处治、沥青路面再生处治、(含砂)雾封层等
	3.0~3.2	中	病害预处治、微表处、碎石封层及复合封层等
	<3.0	重	病害预处治、碎石封层及复合封层、薄层沥青罩面等

续表

技术状况指标	值域	程度	预防性养护措施
抗滑能力 BPN	>42	轻	无需养护或者(含砂)雾封层等
	38~42	中	病害预处治、微表处、薄层沥青罩面等
	<38	重	病害预处治、碎石封层及复合封层、沥青路面再生技术、薄层沥青罩面等
车辙深度 RD(mm)	<5	轻	(含砂)雾封层、微表处、碎石封层及复合封层等
	5~15	中	病害预处治、微表处、碎石封层及复合封层、薄层沥青罩面等
	>15	重	病害预处治、微表处、碎石封层及复合封层、薄层沥青罩面等

预防养护措施应用条件　　　　　　　　　　　　表 12.7

道路等级	交通荷载等级	预防性养护措施								
		含砂雾封层	稀浆封层	微表处	碎石封层	纤维封层	复合封层	超薄磨耗层	超薄磨耗层	薄层罩面
快速路、主干路	重等及以上	△	×	★	×	×	★	★	★	★
	中等及以下	★	×	★	△	△	★	★	★	★
次干路、支路	重等及以上	△	△	★	△	△	★	★	★	★
	中等及以下	★	★	★	★	★	★	★	★	★

注：★——推荐，△——谨慎推荐，×——不推荐。

修复养护对策根据修复养护专项数据调查结果，结合路面病害发展程度、路面结构强度、病害原因诊断及结构层完整性评价结果等因素综合考虑，并进行技术经济分析比选后合理选择，见表 12.8。

路面修复养护类型划分及养护对策选择　　　　　　表 12.8

养护类型划分	适用性条件			建议养护对策
	病害原因类型	路面结构完整性评价	整体结构强度	
功能性修复	表面层材料性能衰减	基层及面层保持完好；多数病害未贯穿表面层结构	满足	直接加铺罩面；直接加铺碎石封层+罩面
	表面层材料性能衰减	基层及中下面层保持完好；表面层发生较大面积损坏	满足	表面层铣刨重铺
结构性修复	表面层材料性能衰减	基层及面层保持完好；多数病害未贯穿表面层结构	不足	直接加铺补强
	面层结构破坏	基层保持完好；面层整体发生较大面积损坏	满足	沥青面层铣刨重铺
	面层结构破坏	基层保持完好；面层整体发生较大面积损坏	不足	面层铣刨，基层补强
	路基结构不稳定基层结构破坏	基层或底基层发生较大面积破坏	不足	路基、路面结构重建

注：1. 根据路面技术状况和病害发生层位确定铣刨厚度；
　　2. 沥青面层铣刨重铺包括：铣刨一层加铺两层、铣刨两层重铺两层或三层、铣刨三层重铺三层等几种类型。

12.2.3 结构组合设计和厚度验算

结构组合设计根据设计对象的养护需求，结合病害诊断结果、养护投资计划、本地区养护经验和典型结构进行结构组合设计，结构组合设计除应满足现行行业标准《城市道路工程设计规范》CJJ 37 的相关要求外，还应结合既有路面病害破坏程度及养护需求情况，有针对性地开展设计。

沥青面层结构组合形式及材料，对既有路面水损坏严重的路段，宜采用透水性沥青混凝土下面层加密实沥青混凝土表面层的组合形式提高路面结构的防排水性能；对既有路面裂缝较多的路段，可适当增加加铺层厚度，并在旧路表面设置应力吸收层，下面层宜采用性能良好的骨架嵌挤型混合料；针对重车比例较大的路段，应采取添加抗车辙剂、采用改性沥青胶粘剂、下面层采用粗粒式级配类型等措施提高加铺结构高温稳定性；应加强旧沥青混合料的回收利用，厂拌冷再生材料可作为新路面结构的基层或下面层，厂拌热再生材料可作为新路面结构的表面层或中、下面层。

基层及底基层结构组合形式及材料若路面高程不受限制时，宜采用现场冷再生的方式对破损基层进行彻底处治，胶结料类型可包括水泥、石灰、乳化沥青或泡沫沥青等，再生层可作为新路面结构底基层或基层，其上可加铺无机结合料稳定类材料或沥青碎石材料作为补强层；当不具备基层现场再生条件时，应优先考虑对既有路面基层材料进行厂拌冷再生，作为新路面结构基层或底基层；路面基层各结构层之间的模量比应符合现行行业标准《城市道路工程设计规范》CJJ 37 的相关要求；对于地下水位过高、原基层或底基层受污染或季节性冰冻地区的潮湿路段，宜在底基层底部增设垫层，级配碎石、天然砂粒等垫层材料可根据实际路况特点合理选用。

各设计单元的大修设计方案均应按现行行业标准《公路沥青路面设计规范》JTG D50 中的方法进行结构厚度验算，现行行业标准《城市道路工程设计规范》CJJ 37 没规定具体的结构厚度验算方法，而中修及预防性养护方案可不进行结构厚度验算。

路面结构重建的养护方案应按新建路面进行结构厚度验算，其他类型的大修方案宜按改建路面进行结构厚度验算。既有路面结构的设计参数应根据室内外试验检测结果确定，新铺各结构层参数可借鉴本地区已有的试验资料或工程经验确定。

12.2.4 养护方案综合比选

养护方案设计针对养护类型确定为修复养护的设计单元开展技术设计，包括结构组合设计、结构厚度验算、方案综合比选等内容。详细设计阶段的设计内容应包括材料组成设计、结构力学验算、路面排水设计、交通组织设计、沿线设施改造设计、标志标线设计等。

方案综合比选应从技术因素、经济因素、环境因素、交通及安全因素等方面综合分析，推荐最合理的养护方案。技术因素比选时，应综合考虑路面使用性能、施工安全、施工难易程度、施工工期、环境保护与资源节约效果、本地区施工技术水平等因素。经济因素比选时，可采用全寿命周期经济分析方法计算各候选方案的初期养护投资、后期养护费用等（图 12.2）。

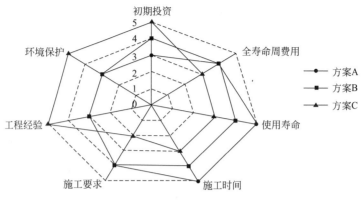

图 12.2 养护方案综合指标

第十三章 工程实例

13.1 北京市政道路养护检测应用案例

为了适应城市道路养护技术信息化管理的要求，科学、量化评价城市道路养护质量以及客观掌握城市地下病害体、路面技术状况，并基于病害诊断和路况变化规律及时对路网中薄弱位置进行处治，保障城市道路的营运安全，提高养护工作和管理决策的科学性。

2020年1月，北京市城市道路养护管理中心对北京市所辖城市道路，组织开展了路况检测、路面技术状况评价以及车行道养护状况评定工作，为客观考评各管理处养护工作提供参考，同时为市政管理处向财政申请养护资金提供更充分依据。

13.1.1 基本情况

（1）项目概况。

本次共完成北京市城市道路约200条市政道路检测工作，累计检测里程约1600km，路面类型为沥青路面或水泥路面。本次检测工作采用多功能路况快速检测系统对路面技术状况进行检测，检测项目包括：路面破损检测、平整度检测共两个指标。路面破损病害类型标准为《城镇道路养护技术规范》CJJ 36—2016规定的四大类：裂缝类、变形类、松散类和其他类，评价指标为路面状况指数（PCI）、路面行驶质量指数（RQI）、综合评价指数（PQI）以及车行道完好率（C_L），并依据检测结果，结合路面病害特点及成因分析，提出道路养护维修建议。

（2）工作流程。

北京市城市道路路况检测评定工作内容主要包括：
1）路网基础信息调查；
2）建立城镇道路数据库；
3）现场路况检测与调查；
4）路况评定；

具体工作流程如图13.1所示。

路面技术状况检测和评定工作主要依据下列标准、规范和文件：
《城镇道路养护技术规范》CJJ 36—2016
《多功能路况快速检测设备》GB/T 26764—2011
《车载式路面激光平整度仪检定规程》JJG 075—2010
《车载式路面损坏视频检测系统》JJG 077—2015

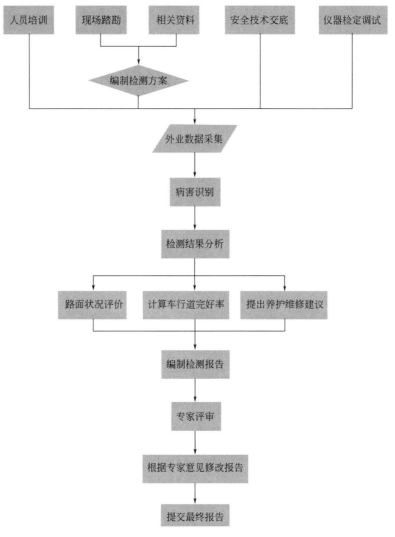

图 13.1 路况检测评定工作流程

(3) 相关说明。

1) 路面技术状况是以路段作为基本单元,道路的每两个相邻交叉口之间的路段应作为一个单元,交叉口本身宜作为一个单元;当二个相邻交叉口之间的路段大于 500m 时,每 200~500m 作为一个单元,不足 200m 的按一个单元计。

2) 每条道路应选择总单元数的 30% 及以上进行检测和评价,应采用所选单元的使用性能的平均状况代表该条道路路面的使用性能。当一条道路中各单元的使用性能状况差异大于两个技术等级时,应逐个单元进行检测和评价;对总单元数小于 5 的道路,应进行全部检测和评价。

3) 车行道完好率是依据《城镇道路养护技术规范》CJJ 36—2016 中养护指标评定的公式计算;

$$C_L = \frac{F_1 - \beta \sum F_{1i} K_i}{F_1} \times 100\% \tag{13-1}$$

式中：C_L——车道完好率（%）；

$\quad F_1$——检查单元车行道总面积（m^2）；

$\quad F_{1i}$——检查单元车行道各类破损的实际面积（m^2），同一地点有两种以上病害时只记一次严重者（K_i取大者）；

$\quad K_i$——车行道各类破损换算系数，按表 13.2 取值；

$\quad \beta$——路龄系数，按表 13.2 取值。

4）城镇道路的技术状况评价分为四级：A—优，B—良，C—合格，D—不合格；

5）城镇道路的养护状况评定等级分为四级：优、良、合格、不合格，以优、良、合格单元数占总检查单元数的百分比为行车道养护状况合格率；

13.1.2 检测设备

（1）设备组成及功能。

本次检测采用国内先进的多功能路况快速检测系统，功能指标见表 13.1。设备满足道路技术状况评定、工程质量检测、地下病害体综合探测、道路管理系统及日常养护管理需要，满足城市道路自动化无损检测的要求，具备 8h 连续工作能力。系统各主要组成部分的功能要求如下：

1）距离测量，准确为各单项指标检测设备提供里程或桩号位置；

2）地理位置信息采集，利用卫星及大地坐标定位装置，以车流速度自动采集地理位置信息并通过软件技术与里程信息自动关联；

3）路面损坏检测，利用线扫相机图像采集装置、辅助照明装置，以车流速度自动检测并存储包含裂缝、修补、坑槽等损坏信息的路面图像，通过路面图像自动或人工识别分析，获得路面损坏数据；

4）路面平整度检测，利用激光测距机等各种距离测量装置、加速度计，以车流速度自动检测并存储路面纵断面坡度变化信息，通过纵断面信息处理获得路面平整度数据；

5）路面车辙检测，利用激光测距机等各种距离测量装置，以车流速度自动检测并存储路面横断面形状信息，通过横断面信息处理获得路面车辙深度数据；

6）路面构造深度和磨耗检测，能够利用激光测距机等各种距离测量装置，以车流速度自动检测并存储路面纹理的断面变化信息，通过纹理断面信息处理获得路面构造深度数据和路面磨耗数据；

7）路面跳车检测，利用激光测距机等各种距离测量装置，以车流速度自动检测并存储路面纵断面高度变化信息，通过纵断面相对高差信息处理获得路面跳车数据；

8）道路结构内部状况检测，利用三维探地雷达测量装置，以车流速度自动检测道路结构内部状况并存储雷达图像数据，通过雷达图像信息处理获得道路结构内部缺陷；

9）前方图像采集，利用高分辨率面扫描相机图像信息检测装置，以车流速度自动检测并存储道路前方图像；

本项目利用多功能路况快速检测系统测只涉及路面损坏（含车辙）、平整度两项指标，并同步采集道路前方图像和空间定位 GPS。路面损坏、平整度两项指标对应的评价指标分别为路面损坏状况指数 PCI（以下简称"路面损坏 PCI"）、路面行驶质量指数 RQI（以下简称"平整度 RQI"），并据此计算每个评定单元（长度为 200m）的路面使用性能指数

PQI（以下简称"路面性能 PQI"）。

多功能路况快速检测系统主要技术性能指标　　　　表 13.1

序号	检测指标	技术性能
1	路面损坏	检测装置：线阵相机＋LED 辅助照明系统 检测宽度：3800cm 识别精度：1mm 及以上路面裂缝 图像处理：机器自动识别处理 图像存储：约 2m 一帧，按 JPG 格式纵向连续存储
2	道路平整度	检测装置：瑞士进口激光位移传感器＋加速度 检测指标：国际平整度指数（IRI） 相对高程测点准确度小于 0.5mm 纵向测点间距不大于 10cm 数据处理方式：实时处理并显示路面平整度
3	前方图像	采集装置：工业级高分辨率面阵相机 图像格式：以彩色图像按 JPG 格式存储 分辨率：不小于 200 万像素 检测频率：1000 帧/km
4	道路结构内部状况	检测装置：三维探地雷达 通道数量：单车道 52 个数据通道 极化方式：HH＋VV，模块化设计 数据处理方式：实时处理
5	地理位置信息	采集装置：GPS 卫星定位系统 采集精度：当卫星信号覆盖率大于等于 70％时，95％的测点平面定位允许误差应达到 2m 以内 采集频率：5m
6	距离信息	检测装置：光学增量式旋转编码器 分辨率：1mm 距离定位误差：不大于 0.05％
7	几何线形	检测装置：高精度姿态方位组合导航系统 曲线半径误差（$R=30m$）：≤5m 纵坡分辨率：≤0.3％ 横坡分辨率：≤0.3％

（2）设备校准。

本次参与检测的多功能路况快速检测系统相关指标经过国家道路与桥梁工程检测设备计量站计量校准，全指标通过国家道路及桥梁质量监督检验中心实路验证。

13.1.3　技术状况评定

（1）路面综合评价指标（PQI）。

路面综合评价指标（PQI）主要包括路面行驶质量及路面损坏状况，相应的评价指标为路面行驶质量指数（RQI）、路面状况指数（PCI）如图 13.2 所示。

路面综合评价指标及计算式（13-2）如下：

$$PQI=T\times\omega_1\times RQI+PCI\times\omega_2 \tag{13-2}$$

第十三章 工程实例

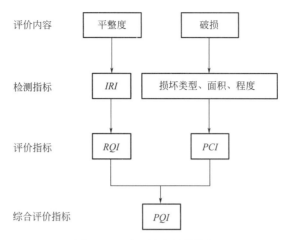

图 13.2 路面综合评价指标

式中：PQI——综合评价指数，数值范围为 0～100；

T——RQI 分值转换系数，T 取值为 20；

RQI——路面行驶质量指数；

PCI——路面状况指数；

ω_1、ω_2——分别为 RQI、PCI 的权重；对快速路或主干路，ω_1 取值为 0.6，ω_2 取值为 0.4；对次干路或支路，ω_1 取值为 0.4，ω_2 取值为 0.6。

(2) 车行道完好率 (C_L)。

根据所调查车行道破损类型及破损面积，计算出该条道路车行道综合完好率。车行道综合完好率组成见图 13.3，按式 (13-3) 计算。

$$C_L = \frac{F_1 - \beta \sum F_{1i} K_i}{F_1} \times 100\% \quad (13-3)$$

图 13.3 车行道综合完好率

式中：C_L——车行道完好率 (%)；

F_1——检查单元车行道总面积 (m^2)；

F_{1i}——各类破损的实际面积 (m^2)，同一地点有两种以上病害时只记一次严重者 (K_i 取大者)；

K_i——路面各类破损换算系数，应符合表 13.2 的规定；

β——路龄系数，应符合表 13.3 的规定。

车行道各类破损换算系数 K 值　　　　　　　　　　表 13.2

破损类型	沥青路面	水泥混凝土路面
裂缝	0.5	3
碎裂(网、龟裂)	1	3
断裂	—	10
松散	1	—
脱皮、泛油、露骨	1	1

续表

破损类型	沥青路面	水泥混凝土路面
坑槽、啃边	3	3
井框高差	3	3
车辙	0.5	—
沉陷	3	3
拥包	2	—
搓板或波浪	2	—
翻浆	6	—
唧浆	6	6
缝料散失	—	2
错台	—	6

路龄系数 β 值　　　　　　　　　　　　表 13.3

路龄		路龄系数 β
设计年限内		1.0
超设计年限(年)	1～5	0.9
	6～10	0.8
	11～15	0.7

注：路龄为该路建成年与检查年之差值。

(3) 路面状况指数（PCI）。

根据所调查车行道破损类型及破损面积，计算出该条道路车行道综合完好率。车行道综合完好率及计算公式如下：

沥青路面损坏状况的评价指标应以路面状况指数（PCI）表示，PCI 应按式（13-4）计算：

$$PCI = 100 - \sum_{i=1}^{n} \sum_{j=1}^{m} DP_{ij} \times \omega_{ij} \tag{13-4}$$

式中：PCI——路面状况指数，数值范围为 0～100；如出现负值，则 PCI 取为 0；

　　　n——单类损坏类型数，对沥青路面，n 取值为 4，分别对应裂缝类、变形类、松散类和其他类；对水泥路面，n 取值为 4，分别对应裂缝类、接缝破坏类、表面破坏类和其他类；

　　　m——某单类损坏所包含的单项损坏类型数，对沥青路面的裂缝类损坏，m 取值为 3，分别对应线裂、网裂和龟裂；其他单类损坏所包含的单项损坏类型数根据损坏类型表依此类推；

　　　DP_{ij}——第 i 单类损坏中的第 j 单项损坏类型的单项扣分值，具体数值根据损坏密度，由损坏单项扣分表中的值内插求得；

　　　ω_{ij}——第 i 单类损坏中的第 j 单项损坏类型的权重，其值与该单项损坏扣分值和该单类损坏所包含的所有单项损坏扣分值总和之比或与该单类损坏扣分值和所有单类损坏扣分值总和之比有关。

ω_{ij} 按式（13-5）计算：

$$\omega_{ij} = 3.0u_i^3 - 5.5u_i^2 + 3.5u_i \tag{13-5}$$

其中：
$$u_i = \frac{DP_i}{\sum_{i=1}^{n} DP_i}$$

（4）路面行驶质量指数（RQI）。

路面行驶质量指数（RQI）应采用下式计算：

$$RQI = 4.98 - 0.34 \times IRI \tag{13-6}$$

式中：IRI——国际平整度指数；

RQI——路面行驶质量指数，数值范围为 $0 \sim 4.98$。如果计算值为负值，则 RQI 取为 0。

（5）评价标准。

沥青路面行驶质量评价应根据 RQI、IRI，将城镇道路路面行驶质量分为 A、B、C 和 D 四个等级，相应的评价标准符合表 13.4 的规定。

沥青路面行驶质量评价标准　　　　　　　　　　表 13.4

评价指标	A			B		
	快速路	主干、次干路	支路	快速路	主干、次干路	支路
RQI	[4.10, 4.98]	[3.60, 4.98]	[3.40, 4.98]	[3.60, 4.10)	[3.00, 3.60)	[2.80, 3.40)
IRI	[0, 2.60]	[0, 4.10]	[0, 4.60]	(2.60, 4.10]	(4.10, 5.70]	(4.60, 6.60]
平整度标准差 σ	[0, 3.20]	[0, 4.20]	[0, 4.70]	(3.20, 4.50]	(4.20, 5.20]	(4.70, 5.50]
评价指标	C			D		
	快速路	主干、次干路	支路	快速路	主干、次干路	支路
RQI	[2.50, 3.60)	[2.40, 3.00)	[2.20, 2.80)	[0, 2.50)	[0, 2.40)	[0, 2.20)
IRI	(4.10, 7.30]	(5.70, 7.80]	(6.60, 8.30]	(7.30, 20.0]	(7.80, 20.0]	(8.30, 20.0]
平整度标准差 σ	(4.50, 5.80]	(5.20, 6.20]	(5.50, 6.70]	(5.80, 10.0]	(6.20, 10.0]	(6.70, 10.0]

路面损坏状况评价标准应根据路面损坏状况指数（PCI），将道路路面损坏状况分为 A、B、C 和 D 四个等级，相应的评价标准符合表 13.5 的规定。

沥青路面损害状况评价标准　　　　　　　　　　表 13.5

评价指标	A			B		
	快速路	主干、次干路	支路	快速路	主干、次干路	支路
PCI	[90, 100]	[85, 100]	[80, 100]	[75, 90)	[70, 85)	[65, 80)

续表

评价指标	C			D		
	快速路	主干、次干路	支路	快速路	主干、次干路	支路
PCI	[65,75)	[60,70)	[60,65)	[0,65)	[0,60)	[0,60)

沥青路面的综合评价指数 PQI 应符合表 13.6 的规定。

沥青路面综合评价标准 表 13.6

评价指标	A			B		
	快速路	主干、次干路	支路	快速路	主干、次干路	支路
PQI	[90,100]	[85,100]	[80,100]	[75,90)	[70,85)	[65,80)
评价指标	C			D		
	快速路	主干、次干路	支路	快速路	主干、次干路	支路
PQI	[65,75)	[60,70)	[60,65)	[0,65)	[0,60)	[0,60)

沥青路面养护对策标准见表 13.7。

沥青路面养护对策 表 13.7

评价指标	PCI	RQI	结构强度	BPN、TD、SFC
等级	A、B	A、B	足够	A、B
养护对策	预防性养护或保养小修			
评价指标	PCI	RQI	结构强度	BPN、TD、SFC
等级	B、C	B、C	足够、临界	B、C
养护对策	保养小修或中修			
评价指标	PCI	RQI	结构强度	BPN、TD、SFC
等级	C	C	临界、不足	C、D
养护对策	中修或局部大修			
评价指标	PCI	RQI	结构强度	BPN、TD、SFC
等级	D	D	不足	D
养护对策	大修或改扩建工程			

13.1.4 总体路况

根据《城镇道路养护技术规范》CJJ 36—2016，对北京市城市道路路面技术状况和养护状况进行了评定。

（1）路面技术状况总体评价。

全路网综合评价指数 PQI 为 86.65 分。快速路综合评价指数 PQI 为 89.88 分，评价等级为 B；主干路综合评价指数 PQI 为 86.53 分，评价等级为 A；次干路综合评价指数 PQI 为 84.20 分，评价等级为 B；支路综合评价指数 PQI 为 89.01 分，评价等级为 A。全路网及快速路、主干路、次干路及支路分类道路总体路况水平见表 13.8，路面技术状况评定统计结果见图 13.4。

道路总体路况水平　　　　　　　　　　　　表13.8

路面评价指标		损坏状况 PCI	行驶质量 RQI	综合评价 PQI
快速路	评分	92.19	4.21	86.27
	评价等级	A	A	B
主干路	评分	88.4	4.12	85.45
	评价等级	A	A	A
次干路	评分	85.33	3.95	83.5
	评价等级	A	A	B
支路	评分	89.01	4.31	87.87
	评价等级	A	A	A
全路网		88.51	4.15	85.33

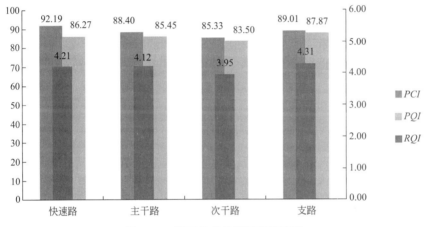

图 13.4　路面技术状况评定统计图

(2) 按路线数量统计。

在本次检测的 203 条道路中，路面综合评价指数 PQI 评价为 A 级的路线共 102 条；路面综合评价指数 PQI 评价为 B 级的路线共计 89 条；路面综合评价指数 PQI 评价为 C 级的路线共计 11 条，路面综合评价指数 PQI 评价为 D 级的路线为 1 条。具体情况见表 13.9。

按路线数量统计路面综合评价指数 PQI 评定结果　　　　　　表 13.9

PQI 评定等级	快速路(条)	主干路(条)	次干路(条)	支路(条)	全路网(条)
A	2	80	19	1	102
B	8	58	23	0	89
C	0	11	0	0	11
D	0	0	1	0	1
总计	10	149	43	1	203

(3) 按检测单元统计。

本次检测所有 203 条道路中，按全断面划分共有检测单元共计 2916 个，路面综合评价指数 PQI 评价为 A 的单元共计 1681 个，评价为 B 的单元共计 1183 个，评价为 C 的单元共计 40 个，评价为 D 的单元共计 11 个。具体数据见表 13.10。

按检测单元统计路面综合评价指数 PQI 评定结果　　　　　　　　表 13.10

道路分类	快速路		主干路		次干路		支路		全路网	
PQI 等级	单元数	面积（万 m^2）	单元数	面积（万 m^2）	单元数	面积（万 m^2）	单元数	面积（万 m^2）	单元数	面积（万 m^2）
A	151	78.91	1305	580.83	223	69.12	3	0.74	1682	729.59
B	130	67.93	839	373.71	214	66.33	0	0	1183	507.97
C	1	0.52	22	9.80	17	5.27	0	0	40	15.59
D	0	0	3	1.34	8	2.48	0	0	11	3.82
总计	282	147.36	2169	965.67	462	143.20	3	0.74	2916	1256.97

（4）养护状况评价。

本次检测的所有城市道路中，每条道路选择有代表性车道的所有单元进行检测和评价，以全部检测单元的使用性能的平均状况代表该条道路路面的使用性能。评定结果表明，在所有检测的 203 条路中，道路优良率为 70.94%，有 33 条道路总体养护状况等级为不合格，其中主干路 26 条、次干路 7 条。其他具体评定结果见表 13.11。

路线养护状况总体评定结果统计　　　　　　　　表 13.11

	快速路	主干路	次干路	支路	总计
优	7	80	24	1	112
良	1	27	4	0	32
合格	2	16	8	0	26
不合格	0	26	7	0	33
总计	10	149	43	1	203

根据所有检测单元的道路养护状况评价结果，统计得到第 1 标段不合格单元占单元总数的 4.19%，累计面积 49.64 万平方米。具体的统计结果见表 13.12。

按检测单元统计路面养护状况等级评定结果　　　　　　　　表 13.12

道路分类	快速路		主干路		次干路		支路		全路网	
养护状况等级	单元数	面积（万 m^2）	单元数	面积（万 m^2）	单元数	面积（万 m^2）	单元数	面积（万 m^2）	单元数	面积（万 m^2）
优	238	124.37	1580	703.32	293	90.82	3	0.74	2113	919.24
良	32	16.72	320	142.53	67	20.77	0	0	419	180.02
合格	8	4.18	188	83.74	65	20.15	0	0	261	108.07
不合格	4	2.09	81	36.08	37	11.47	0	0	122	49.64
合格率	98.58%		96.26%		91.99%		100.00%		95.81%	

(5) 大中修及小修保养路段。

本次北京市城市道路检测，通过对评定结果的分析，最终筛选出大中修及需要小修保养路线如下：

1) 203 条路线中有 31 条路线需要大修或局部大修。
2) 需要进行中修治理工程的路线有 26 条。
3) 需要进行车辙专项治理工程的路线有 18 条。
4) 需要进行检查井专项治理工程的路线有 29 条。
5) 其余 127 条路线需保养小修。

13.1.5 路面病害统计与分析

根据《城镇道路养护技术规范》CJJ 36—2016，对北京市城市道路路面病害进行统计（图 13.5）。

沥青路面主要病害以裂缝病害为主，占病害面积的 64.10%，变形类病害占总病害面积的 32.98%，松散类病害占总病害面积的 0.13%，其他类病害占总病害面积的 2.79%。

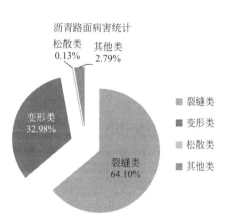

图 13.5 沥青路面病害分类统计

13.1.6 养护建议

根据检测道路路面损坏状况指数 *PCI* 和路面行驶质量 *RQI*，依据现场调查结果及其他外部数据综合判断给出大修、局部大修、中修、保养小修及车辙、检查井专项路线，各个方案的比例汇总见图 13.6。

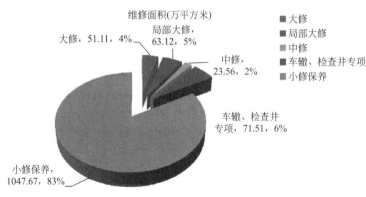

图 13.6 各养护方案工程量与比例汇总

13.2 兰州市政道路养护检测应用案例

13.2.1 项目背景

城市道路是城市交通的动脉，是保障群众生产生活的基本条件，是城市发展的先导性、基础性设施。随着交通量的迅速增长，人民群众对城市道路的需求和服务要求日益提高。因此，加强城市道路的养护，保证道路设施的使用功能和服务水平至关重要。

习近平总书记2015年在中央城市工作会议上指出着力解决"城市病"等突出问题，健全社会公众满意度评价和第三方考评机制；习近平总书记在2017年视察北京城市规划建设管理工作时指出要建立城市体检评估机制；中办、国办2021年7月印发文件，要求建立健全城市体检评估制度、制定评估标准，要求城市政府定期开展体检评估，并制定年度建设和整治行动计划，依法依规向社会公开体检评估结果。兰州市应把城市体检作为推进城市高质量发展、统筹城市发展与安全的重要抓手，建立兰州城市体检评估长效工作机制。

2017年3月，国务院发布的《城市道路管理条例》要求承担城市道路养护、维修的单位，应当严格执行城市道路养护、维修的技术规范，定期对城市道路进行养护、维修，确保养护、维修工程的质量。并强调国家鼓励和支持城市道路科学技术研究，推广先进技术，提高城市道路管理的科学技术水平。2019年7月实施的《政府投资条例》，要求政府投资应当遵循科学决策、规范管理、注重绩效、公开透明的原则。科学有序地推动开展兰州城市道路网检测及养护分析工作，是贯彻执行这些行政要求的重要基础，也是为构建兰州城市道路养护科学决策体系的重要依据。

随着城市道路路面检测和评价技术的规范化、标准化以及自动化技术应用的日趋成熟，信息技术应用于路面技术状况管理已经成为城市智慧建设的重点之一。为了适应城市道路养护技术信息化管理的要求，科学、量化评价城市道路养护质量以及客观掌握城市道路路面技术状况，并基于病害诊断和路况变化规律及时对路网中薄弱路段进行处治，保障城市道路的营运安全，提高养护工作和管理决策的科学性。

为及时了解和全面掌握兰州市城市道路技术状况，尽早发现并消除道路路面病害，确保道路使用完好、安全畅通，为道路的养护维修提供科学依据，提高城镇道路养护工作和管理决策的科学性，兰州市市政工程服务中心对兰州市城市道路网组织开展了路况检测、路面技术状况评价以及养护状况评定工作，并通过养护分析提出道路养护资金测算和维修。该项工作进一步支撑和完善了兰州市城市道路体检评估长效工作机制，提高城市道路专业养护质量，建立和推行了兰州市城市道路养护科学决策体系。

13.2.2　工作流程

本项目对兰州市城市道路快速路、主干路、次干路和支路路面损坏状况、平整度及人行道路面损坏状况、平整度进行检测。本次工作范围为兰州市城关区、七里河区、安宁区和西固区四个区域内已建成并正式移交市政部门养护管理的城市道路。具体工作流程见图13.7。

13.2.3　基本信息

本项目路网现状检测工作先后对兰州市市政工程服务中心下辖6个市政设施养护所管养道路进行了车行道和人行道检测，外业检测采用多功能路况快速检测系统、三米直尺等作为检测工具；全市车行道采用自动化检测，人行道采用人工检测。

本项目在路面损坏、路面平整度和路面车辙检测数据的基础上实施了车行道路面综合

第十三章 工程实例　127

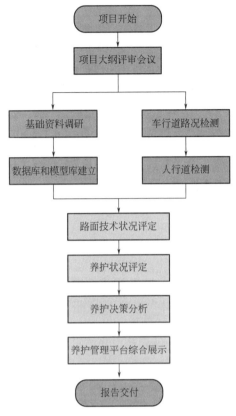

图 13.7　工作流程图

评价指数 PQI、路面状况指数 PCI、路面行驶质量指数 RQI 和车行道完好率 C_L 的评定；在人工徒步调查人行道损坏和三米直尺检测间隙度平均值基础上实施了人行道损坏状况评价指标 FCI 和人行道平整度的评定，车行道检测现场照片如图 13.8 所示，人行道检测现场照片如图 13.9 所示。

图 13.8　车行道检测现场照片

图 13.9 人行道检测现场照片

13.2.4 总体路况

（1）总体路况。

兰州城市道路网车行道路面综合评价指数 PQI 平均值为 79.48，评价等级为 B，其分项指标路面状况指数 PCI 平均值为 86.69，路面行驶质量指数 RQI 平均值为 3.66。兰州城市道路网车行道完好率 C_L 平均值为 97.55，评定等级为良（图 13.10）。兰州城市道路网人行道状况指数 FCI 平均值为 94.48，评价等级为 A；人行道平整度评价间隙度平均值为 7.37mm，评价等级为 D。

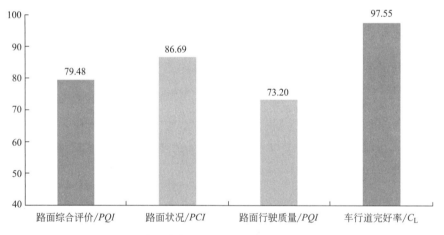

图 13.10 路面综合评价指数 PQI 及分项指标统计图

（2）按道路等级统计（表 13.13）。

快速路路面综合评价指数 PQI 平均值为 91.23，评价为 A，路面状况指数 PCI 平均值 99.36，评价为 A，行驶质量指数 RQI 平均值 4.29，评价为 A，车行道完好率均值 C_L 为 99.93，评价等级为优等水平；

主干道路面综合评价指数 PQI 平均值为 79.82，评价为 B，路面状况指数 PCI 平均值 87.19，评价为 A，行驶质量指数 RQI 平均值 3.75，评价为 A，车行道完好率均值 C_L

为97.73，评价等级为良等水平；

次干道路面综合评价指数 PQI 平均值为77.50，评价为B，路面状况指数 PCI 平均值83.62，评价为B，行驶质量指数 RQI 平均值3.42，评价为B，车行道完好率均值 C_L 为96.73，评价等级为良等水平；

支路路面综合评价指数 PQI 平均值为77.60，评价为B，路面状况指数 PCI 平均值85.54，评价为A，行驶质量指数 RQI 平均值3.28，评价为B，车行道完好率均值 C_L 为97.15，评价等级为优等水平。

兰州市城市道路 PQI 及分项指标评定表（按技术等级）　　表13.13

技术等级	路面综合评价 PQI	路面状况 PCI	行驶质量 RQI	完好率 C_L
快速路	91.23	99.36	4.29	99.93
主干路	79.82	87.19	3.75	97.73
次干路	77.50	83.62	3.42	96.73
支路	77.60	85.54	3.28	97.15

（3）按养护单位统计（表13.14）。

东岗市政设施养护所总体检评长度为275.55km，路面综合评价指标 PQI 为78.71，路面状况指数 PCI 为84.16，路面行驶质量指数 RQI 为3.70，车行道完好率 C_L 为96.80；

城关市政设施养护所总体检评长度为180.36km，路面综合评价指标 PQI 为79.35，路面状况指数 PCI 为85.22，路面行驶质量指数 RQI 为3.69，车行道完好率 C_L 为97.52；

七里河市政设施养护所总体检评长度为201.48km，路面综合评价指标 PQI 为79.51，路面状况指数 PCI 为87.46，路面行驶质量指数 RQI 为3.62，车行道完好率 C_L 为97.45；

安宁市政设施养护所总体检评长度为230.51km，路面综合评价指标 PQI 为80.10，路面状况指数 PCI 为87.37，路面行驶质量指数 RQI 为3.67，车行道完好率 C_L 为98.04；

西固市政设施养护所总体检评长度为185.03km，路面综合评价指标 PQI 为76.80，路面状况指数 PCI 为84.64，路面行驶质量指数 RQI 为3.46，车行道完好率 C_L 为97.07；

环城市政设施养护所总体检评长度为136.14km，路面综合评价指标 PQI 为83.72，路面状况指数 PCI 为94.24，路面行驶质量指数 RQI 为3.83，车行道完好率 C_L 为99.05。

兰州市城市道路 PQI 及分项指标评定表（按养护单位统计）　　表13.14

市政设施养护所	路面综合评价 PQI	路面状况 PCI	行驶质量 RQI	完好率 C_L
东岗市政设施养护所	78.71	84.16	3.70	96.80
城关市政设施养护所	79.35	85.22	3.69	97.52
七里河市政设施养护所	79.51	87.46	3.62	97.45

续表

市政设施养护所	路面综合评价 PQI	路面状况 PCI	行驶质量 RQI	完好率 C_L
安宁市政设施养护所	80.10	87.37	3.67	98.04
西固市政设施养护所	76.80	84.64	3.46	97.07
环城市政设施养护所	83.72	94.24	3.83	99.05

(4) 按路线统计。

本次检测的 346 条路线中，路面综合评价指数 PQI 评价为 A、B、C、D 的路线数量分别为 74、234、26 和 12 条；PQI 均值最高的为 XC021 古浪路，PQI 均值 93.69。PQI 均值最低的为 QZ023 肉联厂支路，PQI 均值 23.56。

(5) 养护需求分析。

2022 年养护资金需求共计 3.77 亿元，其中车行道 2.15 亿元，人行道 1.62 亿元。其中，大中修里程共计 689.85km，占比 33.76%，其中车行道、人行道分别为 170.85km、519.01km；大中修养护费用 3.62 亿元，占比 96.14%，其中车行道、人行道分别为 2.00 亿元、1.62 亿元。

13.2.5 相关说明

(1) 每条道路选择代表车道的所有单元进行检测和评价，以全部检测单元的使用性能的平均状况代表该条道路路面的使用性能。不同路线的路面状况指数 PCI、路面行驶质量指数 RQI、路面综合评价指数 PQI、人行道平整度和人行道损坏状况评价指标 FCI 是按此计算；

(2) 路面技术状况评定是以 200m 作为基本单元，不足 200m 的按一个单元计；

(3) 车行道完好率是依据《城镇道路养护技术规范》CJJ 36—2016 中公式 (13.4.2-1) 计算得到的；

(4) 城镇道路的技术状况评价分为四级：A—优、B—良、C—合格、D—不合格，城镇道路养护状况评价也分为优、良、合格、不合格四级，CD 路率为检测指标评价等级为 C 合格和 D 不合格的评定单元检评长度之和占总统计单元检评长度之和的百分比。